Luis Fernandez
Entretien avec Daniel Riolo

LUIS CONTRE-ATTAQUE

Hugo&Cie

Ouvrage dirigé par Bénita Rolland

38, rue La Condamine - 75017 Paris
www.hugoetcie.fr
contact : info@hugoetcie.fr

ISBN : 9782755602333
Dépôt légal : mars 2008
Imprimé en France

« Comment ça va, mon petit Daniel ? De quoi veux-tu qu'on parle aujourd'hui ? »... Invariablement c'est de cette façon que nos trois mois d'échanges ont débuté. D'une agréable et constante humeur, Luis affichait ainsi sa disponibilité et un réel plaisir à se confier, à parler, à s'agacer, à s'énerver. Certes, le « de quoi veux-tu qu'on parle aujourd'hui ? » ne fut souvent qu'une formule car c'est Luis qui dirigea le plus souvent les entretiens, les ponctuant fréquemment de ses « je vais t'expliquer » ou « tu comprends rien ou quoi ? »...

Dans « son » café, le Bar du Central *dans le XVIIe arrondissement de Paris, Luis préfère parler du présent que du passé, même si c'est en visitant son passé que l'on comprend ses valeurs, ses idées, ses convictions et ses humeurs présentes.*

À la fois interviewé et parfois intervieweur, – c'est aussi son métier depuis cinq ans sur RMC –, Luis veut bousculer ici un univers qui n'aime pas les vagues, un monde où les places sont chères et se défendent avant tout.

« Je te préviens, je ne me lance pas dans ce projet pour ne rien dire... si on y va, on y va... » L'avertissement fut pour moi comme une promesse. Si la langue de bois est devenue la première langue vivante du football, pas de doute, Luis ne sait pas la parler.

Et s'il faut être « légitime » pour s'exprimer, si avoir fait permet de dire, Luis Fernandez c'est, carrières de joueur et d'entraîneur cumulées, un palmarès qui en fait l'un des hommes les plus titrés du football français...

Comme un symbole, notre première rencontre, notre premier entretien se déroule le lendemain d'un PSG/OM, le « Clasico français », attendu par toute la France du foot. Placé en début de saison par le diffuseur exclusif de la Ligue 1, Canal +, ce choc doit donner envie. Non, la Ligue 1 n'est pas ennuyeuse, oui elle sera plus disputée et enfin Paris et Marseille vont fréquenter le haut du classement. Match nul, un but partout. Niveau de jeu médiocre. La Ligue 1 2007/08 ne sera pas supérieure à la précédente.

Non mais tu as vu le niveau technique de ce match ? Si je suis entraîneur de ces deux équipes, je leur fais faire au plus vite une radio des pieds. C'est impossible, à ce niveau-là, d'être aussi mauvais. Le ballon allait d'un côté de l'autre. Aucune maîtrise, on aurait dit un match de ping-pong ! Mais combien de temps les gens vont-ils supporter ça ? Et dire que certains se demandent encore si ce championnat vaut 600 millions ! Dans la plupart des matchs qu'on voit, la base technique pour évoluer à ce niveau est absente ! Hier soir, combien de joueurs alignés sur le terrain savaient jouer au foot ? À part Nasri et Rothen ? Personne ! Et le problème, c'est qu'ils sont mal entourés. Je trouve néanmoins que l'OM a plus de potentiel que Paris. Au PSG, je sens que les joueurs ont peur de l'adversaire.

Les mecs trouillards sur un terrain, tu les repères très vite. Si tu as l'œil, tu ne peux pas être trompé. Quand j'étais à L'Espanyol Barcelone, j'avais un joueur camerounais, Pierre Wome. Eh bien, à l'entraînement, quand un type devait lui disputer un ballon, il trouvait toujours un moyen pour l'éviter. J'en ai même vu un qui s'est fait un claquage avant d'arriver au ballon ! Et au PSG, un joueur comme Pierre-Alain Frau, je suis sûr qu'avant les matchs il « gamberge », ça se voit !

Et Bernard Mendy ! Comment un joueur avec autant de qualités intrinsèques a-t-il pu devenir d'une telle médiocrité ? Il ne sait plus rien faire. J'entends dire qu'il joue parce qu'il est rapide. Cela me sidère, un tel argument. Et dire qu'on a fait partir un joueur comme Cristian Rodriguez, l'un des seuls qui avait un vrai tempérament ! Le public parisien mérite vraiment mieux. Qu'on aille en Argentine, là on va trouver des joueurs de caractère. Je t'annonce que, dans deux semaines, Bordeaux gagnera au Parc. Écoute bien, mon petit Daniel, si Bordeaux ne vient pas gagner à Paris, je ne comprends plus rien au foot[1]...

On n'a pas le droit de proposer aux spectateurs un tel niveau de jeu. Un PSG/OM, cela doit être une vitrine. Ce que j'ai vu hier soir, ce n'est rien de moins qu'un braquage. On a braqué 40 000 personnes au Parc et personne n'a rien vu !

Depuis plusieurs années maintenant on assiste à une mascarade. La Ligue vend le championnat 600 millions à Canal +. Et la chaîne nous le refile en disant que c'est formidable. Mais aujourd'hui, parce qu'il veulent baisser le prix, ils nous disent que ça ne vaut pas ce prix. Mais ils nous prennent tous pour des gogos, non ?

Reste que je rejoins le président Frédéric Thiriez sur un truc : quand il dit que Canal + sans le foot, ça ne vaut rien, là je suis d'accord ! C'est 70% de la valeur minimum, et qu'ils ne nous racontent pas d'histoire. Le PSG/OM d'hier soir, même mauvais, a fait une super audience... c'est quand même un élément que Canal + ne peut pas nier.

Reste que cette Ligue 1 vaut vraiment ce prix-là puisque les droits ont été renégociés à la hausse. 668 millions pour les quatre prochaines saisons. 5 mois après cet insipide PSG/OM, les droits TV ont donc augmenté...

Revus à la hausse, pas vraiment ! C'est grosso modo la même chose. Canal + a quand même fait une bonne affaire en payant moins. Ils avaient dit que ça ne valait pas autant et ils ont proposé moins. C'est la réalité. Heureusement pour Thiriez et pour le foot français, un nouvel acteur est arrivé : Orange. C'est une aubaine et

---

1. Deux semaines plus tard, Bordeaux est effectivement venu s'imposer à Paris.

une bonne nouvelle. Cet argent va être utile. Maintenant, reste à bien l'utiliser afin que le spectacle devienne de meilleure qualité.

Cette renégociation des droits correspond, à peu de jours près, à la date du match retour entre l'OM et le PSG. Une rencontre remportée par Marseille...

L'OM mérite sa victoire. Cette équipe a progressé. Les joueurs sont plus forts et respirent l'envie de jouer. Paris affiche un visage totalement opposé. Ils ont stagné. Le potentiel marseillais est supérieur à celui du PSG. Et puis, je ne comprends pas que Le Guen se prive de Pauleta. C'est un mystère. Ce joueur est un type bien, ça se sent. C'est un vrai pro, le genre de joueur avec lequel un entraîneur ne peut pas avoir de problème. On dit aujourd'hui qu'il est vieux et donc moins performant. Mais si tu n'a pas mieux, pourquoi t'en priver ? Il faut juste le mettre dans les meilleures conditions possibles. Il ne doit pas défendre. Il faut juste lui demander de se replacer. Quand tu as un type avec un tel sens du but, tu dois l'aligner. Laisser un joueur comme Pauleta sur le banc alors que le niveau général du championnat ne progresse pas ou peu, c'est quand même surprenant. Globalement d'ailleurs, si tu prends différents joueurs de Ligue 1, tu n'as pas l'impression qu'ils progressent. Au PSG, les gars régressent. Même Rothen, et tu sais tout le bien que je pense de lui, semble être moins bon qu'avant. Cette impression concerne beaucoup de joueurs. En revanche, à Marseille un gars comme Lorik Cana progresse. Il fait des choses qu'il ne faisait pas. C'est un bosseur. Il va vers l'avant sur le terrain. Il n'est plus dans le schéma de la passe latérale systématique. En Ligue 1, on évolue souvent de façon sécuritaire. Pas de risque, on préfère la petite passe sur le côté.

Lyon est évidemment toujours à part. Des jeunes comme Ben Arfa et Benzema, eux, semblent meilleurs à chaque sortie. Leur force, c'est d'avoir été intégrés dans le groupe très tôt. On a pris le temps. Ils ont ainsi pu baigner dans le haut niveau, s'en imprégner. On leur a fait faire des bouts de matchs avant d'en faire des titulaires. Il y a une vraie réflexion pour les amener au plus haut niveau. Leur réussite est là. Ils ont, en plus, grandi dans un monde de vainqueurs. Ils n'ont connu que la victoire et ont toujours fréquenté de bons joueurs. C'est essentiel pour avancer.

Quand je suis arrivé au PSG, ça ressemblait à ça. Il y avait beaucoup de très bons joueurs. Tu es là, tu observes et forcément tu progresses. En équipe de France, j'ai connu exactement la même chose. Tu tournes la tête, tu respires et tu progresses.

Et c'est toute la différence entre les jeunes du PSG et ceux de l'OL. Quand, au début de la saison 2007/08, Paris lance d'un seul coup quatre jeunes et qu'en plus on donne le brassard de capitaine à l'un d'eux, c'est une erreur majeure ! Là où Lyon a pris son temps, Paris brûle les étapes. Mais ces jeunes, qu'ont-ils fait ? Comment ont-ils pu progresser ? Comment peuvent-ils être prêts ? Ces mêmes quatre jeunes, mets-les à Lyon, ils seront plus forts, c'est certain ! Au PSG, par qui vont-ils être encadrés ? Cela semble pourtant évident, non ? Pourquoi défier à ce point-là le bon sens ?

Pour en revenir au niveau général de la Ligue 1, le problème est que la plupart des équipes jouent pour ne pas perdre. C'est devenu banal de le dire, mais c'est une réalité implacable de notre championnat. À cela tu peux ajouter le fait que certains jeunes ne semblent pas finis au niveau de la formation. Ce qui m'agace le plus quand j'analyse le niveau général, c'est de me dire que le niveau est souvent moyen mais que, dans le même temps, il y a une demande de foot toujours plus grande. Les affluences au stade augmentent, il y a beaucoup de foot à la télé, des magazines. La demande est forte, mais l'offre en terme qualitatif n'est pas en adéquation. C'est une responsabilité pour le football français. Il ne faut pas qu'on laisse passer cette opportunité en proposant un championnat médiocre. Tous les acteurs du foot français doivent en avoir conscience.

Le niveau du foot français est un sujet récurrent. Tu en parles presque tous les jours sur RMC. Tu penses que c'est une histoire d'argent, avant tout ?

Je note néanmoins que, depuis quelques semaines, le jeu est en progression. Comme s'il y avait eu une prise de conscience générale qu'il fallait changer les choses sous peine d'aller dans le mur. Tous les débats et discussions autour des droits TV ont peut-être fait craindre le pire aux dirigeants des clubs… Une baisse de ces droits aurait été vraiment une catastrophe. Heureusement, il n'en a rien été.

Je me demande parfois si une nouvelle répartition du pactole des droits télé ne serait pas nécessaire. Le PSG, l'OM, l'OL sont quand même les équipes qui intéressent le plus les gens. Quand tu vois un Lyon/Marseille de bonne qualité, que tu constates l'intérêt que cela suscite, tu te dis que Nancy ou d'autres ont beau être devant, on s'en fout ! Ce qui fait vibrer les gens, se sont ces équipes. Ne faut-il pas donner plus de place à la notoriété ? C'est quand même un élément important. J'ajoute Bordeaux, Monaco, Saint-Étienne à ma réflexion. Franchement, ce que fait Lorient, ça n'intéresse pas grand monde, ça surprend sur trois semaines, mais au final on s'en fout.

Quand il était président de l'OM, Christophe Bouchet avait milité pour une répartition modifiée. Je ne souhaite pas pour autant que l'on aille vers une négociation individuelle, loin de là. Juste une modification et une place un peu plus grande donnée au critère de notoriété.

Je pense vraiment que quelques clubs devraient avoir une part plus grande du pactole des droits TV. Ça me semble normal : les audiences, les médias en général parlent plus de ces clubs-là. Je le vois tous les jours dans mon émission, de qui, de quoi parle-t-on ? Toujours des mêmes, Marseille, Lyon, Paris, Saint-Étienne... Il me semble que l'égalitarisme a ses limites[1]...

L'argent est évidemment un élément capital. En France, on fait surtout de la gestion. C'est impossible de recruter un joueur sans rester dans les clous du budget. Tu vends d'abord, tu achètes ensuite avec le peu qu'il te reste. Regarde Paris et Marseille pendant leur bonne période, celle où fleurissaient les stars dans leurs effectifs. On s'aperçoit aujourd'hui que la gestion a souvent été à la limite de la légalité. Le PSG et l'OM ont eu pas mal de soucis judiciaires à ce sujet, non ? L'OM a été plus exposé médiatiquement sur ce terrain, mais au PSG, sur les années Denisot, on sait que financièrement c'était géré de façon légère. D'ailleurs, quand je suis arrivé au poste d'entraîneur en 1994, le club était frappé d'une interdiction administrative de recrutement.

---

1. Aujourd'hui, l'argent des droits TV est réparti comme suit : 50 % de la somme sont donnés de façon égalitaire, 25 % en fonction des résultats sportifs des dernières saisons et 25 % en fonction de la notoriété des clubs calculée au nombre de diffusions TV. On sous-entend que si un club est diffusé à maintes reprises, c'est qu'il y a une demande du public ...

J'espère que cette renégociation des droits TV va améliorer les finances des clubs. Majoritairement, ils sont d'ailleurs sains aujourd'hui.

Le rôle du président, des dirigeants dans un club, voilà un sujet qui te tient à cœur...

Je trouve que dans l'ensemble, il y a quand même trop de types sortis de nulle part. Parfois je me demande quelles sont leurs compétences. De plus en plus, je me demande si être bon en marketing ne suffit pas pour diriger un club de foot. Réussir dans les affaires, avoir de l'argent n'est en rien une garantie. Avoir de l'expérience dans le foot, connaître le haut niveau, avoir fait ses preuves, c'est mieux, non?

Prenons l'exemple de Nantes. À l'été 2007, Waldemar Kita devient président. Je précise que je n'ai rien contre lui, je ne le connais pas. Il adore le foot et met du pognon, son argent. Ce qui, tu me diras, n'est déjà pas si mal. Il place ses hommes, ce qui, là aussi, peut sembler normal. Ce qui me gêne, c'est de penser qu'il a pris Nantes mais qu'il aurait pu tout aussi bien prendre un autre club. Il a par ailleurs déjà exercé dans d'autres clubs! Il n'y a rien de logique là-dedans! Est-ce qu'il connaît le club de Nantes, ses spécificités, la région, les gens qui viennent au stade, leur culture, ce qu'ils aiment ou n'aiment pas? Connaît-il l'identité locale? Tout ça me laisse perplexe.

C'est juste un exemple des choses qui me perturbent dans l'évolution du foot. Et puis, tu le sais, j'ai du mal avec le président-entraîneur. J'ai entendu sa première interview et j'ai compris. Il a parlé technique, tactique. Quand ça commence comme ça, ça finit toujours mal. L'entraîneur nantais, Michel Der Zakarian, va avoir beaucoup de mal. Et ça m'étonnerait que ça finisse bien pour lui.

Mais en Angleterre, il y a plein d'investisseurs qui rachètent des clubs sans rien connaître au jeu, sans être attachés d'aucune manière au club ou à la ville...

Oui et alors? Manchester United est racheté par un type qui ne connaît rien au club et rien au foot, mais Alex Ferguson est là! Certains joueurs sont là pour entretenir ce qu'il y a de plus important: l'institution et surtout la culture! Et puis les supporters ont été très vigilants au moment du rachat. Ils voulaient des garanties. Rappelle-toi ce qui s'était passé quand Murdoch avait voulu acheter Manchester[1].

À Arsenal, c'est pareil. Wenger est aujourd'hui le garant. Le club a vacillé avec le départ du président David Dein, mais Wenger est resté et heureusement c'est lui qui garde le « temple ». Quand il est arrivé, il y avait les anciens joueurs, Adams et les autres. Il s'est fondu dans le club puis a imposé sa méthode.

Le Barça a également une identité forte. Le club est ancré dans la région catalane. Cela donne une identité de jeu et donc de joueurs !

À Liverpool, fin 2007, les supporters ont manifesté quand ils ont vu que les propriétaires américains voulaient virer Benitez ou encore raser le stade d'Anfield. Il y a eu des menaces de boycott des produits dérivés, des places au stade, enfin de tout ce qui fait gagner de l'argent au club. Ils ont adressé un message fort aux actionnaires.

Je parlais plutôt de Kita à Nantes, mais j'aurais pu citer Francis Graille au PSG. Il est stéphanois, supporter des Verts et il a été président du PSG[2]. Si ça n'a pas marché, ce n'est pas un hasard !

Et l'inverse des clubs anglais dont je te parlais, c'est Chelsea. Le milliardaire russe Abramovitch rachète le club, investit des milliards, mais c'est froid et aseptisé. Et par rapport à l'argent investi, les résultats sont médiocres. Le club peut prendre les joueurs qu'il veut, il ne séduit pas, ne plaît pas. Ils ont plein d'argent mais l'objectif suprême, la Ligue des Champions, n'est pas atteint.

Tu préfères, de loin, le mode de direction anglais au français. Le président discret, loin du terrain…

Aujourd'hui, en France, on prend des entraîneurs qui, si possible, ne doivent pas faire trop d'ombre au président. Ils ne doivent pas avoir trop de personnalité, ne pas prendre trop de place. Pourquoi, selon toi, Didier Deschamps ne travaille-t-il pas en France ?

---

1. En septembre 1998, Rupert Murdoch, homme d'affaires australien magnat de la presse, avait lancé une OPA sur le club de Manchester United. Il s'était heurté à la fronde des supporters et d'anciens joueurs du club.

2. Francis Graille a été président du PSG entre 2003 et 2005.

Tu penses que Lyon n'aurait pas pu le prendre franchement ? Mais on a dû se dire qu'il avait trop de personnalité et que ça pouvait être une source de conflit avec le président ou le directeur sportif. Et à Marseille, il n'aurait pas pu y aller ? Tu te rends compte qu'un type comme Deschamps, on lui a demandé de venir seul, c'est tout de même incroyable, non ? On lui a refusé l'idée d'être entouré d'un staff qu'il aurait choisi.

Il y a quand même beaucoup d'entraîneurs qui ne travaillent pas parce que leurs personnalités ne conviennent pas au moule prédéfini. Jean Tigana, Rolland Courbis, ou moi. Tu ne notes pas certaines similitudes ?

Très franchement, peux-tu me dire ce que Paul Le Guen a de plus que moi ? Sa carrière comme joueur ou entraîneur est supérieure à la mienne ? Je ne suis pas sûr, mais je peux me tromper. Certains « experts » le pensent peut-être. *(ironique)* Il est meilleur que moi parce qu'il s'exprime mieux et qu'il prend des notes pendant un match, comme Alain Perrin ? Ils sont bons parce qu'ils choisissent la bonne phrase et le bon verbe au bon moment ? Mais ça veut dire quoi ? Alain Perrin et Christophe Galtier (entraîneur et entraîneur adjoint de Lyon), c'est un bon duo. Je n'ai rien à leur reprocher. Mais je pense qu'il y a des entraîneurs plus huppés pour diriger Lyon. Reste qu'Aulas ne veut pas qu'on lui fasse de l'ombre. Maintenant, si Perrin gagne la Ligue des Champions, tant mieux pour lui et l'OL. Tiens, ça me fait penser que Jean-Michel Aulas a été chef du G14[1], c'est curieux, non ? Il n'a rien gagné et il siège aux côtés d'autres grands responsables de clubs européens !

De toute façon, pour Lyon, gagner la coupe d'Europe devient de plus en plus inenvisageable. Il y a trop de concurrence aujourd'hui.

Un entraîneur doit travailler avec une équipe qu'il a choisie. On ne peut pas arriver et s'imposer comme ça à des joueurs, à un staff déjà en place. Les présidents doivent comprendre cela. En arrivant dans un club, tu vas forcément bousculer des habitudes. Et cela peut générer des problèmes de personnes, tu peux froisser des ego.

---

1. Le G14 était une organisation non reconnue par l'UEFA, qui rassemblait les 18 plus grands clubs européens. Elle s'est auto-dissoute en 2008.

Et au moindre accroc, deux trois mauvais résultats, c'est cuit pour toi ! Tu es lâché et tu ne peux plus travailler. Regarde Guy Roux, quand il arrive à Lens. Son recrutement est à la base une énorme erreur. Il est trop marqué, il a tout contrôlé à Auxerre, et il arrive dans un club où il doit composer avec des gens déjà en place à tous les niveaux. C'est mort d'avance, en deux jours il a la moitié du club contre lui. Comment Gervais Martel peut-il commettre cette erreur et mettre en péril une saison entière avec un tel choix ?

Dans l'ensemble, les dirigeants ne sont pas brillants. Et pour diriger tout ce monde, on a Frédéric Thiriez, mis en place par Aulas, à la tête de la Ligue. La vérité, c'est qu'il y a alors une collusion terrible. Aulas tire les ficelles, il divise pour mieux régner. Il est comme un poisson dans l'eau. Face à lui, il n'y a pas un seul président qui ne se couche pas. Tu trouves ça normal qu'Aulas dise au PSG quel doit être son recrutement ? L'hiver dernier, il arrive et déclare que, pour le foot français et pour le PSG, son attaquant, Fred, doit jouer à Paris ! Et il ajoute qu'il est prêt à consentir une réduction ou des facilités de paiement. Mais il veut quoi, que le PSG paye en ticket-resto ? C'est une blague, de quoi se mêle-t-il ? Comment et pourquoi Alain Cayzac accepte-t-il une chose pareille ? Aulas est seul, il a pris les clefs du foot français. La nullité des autres l'a quand même bien aidé. Quelle humiliation pour Paris, mais comment Cayzac, comment Le Guen laissent-ils faire une chose pareille ? Jamais Diouf ou Anigo n'auraient laissé faire ça.

Les présidents français aiment bien, dans l'ensemble, occuper le devant de la scène. C'est une des raisons qui expliquent que si peu d'anciens joueurs de la génération 1984 ou 1998 soient en poste à la tête des clubs français.

Si on revenait à la question initiale, à savoir le manque d'argent des clubs français...

Le problème, c'est aussi la manière dont on gère cet argent. Et avec ça, on en revient toujours à la question des choix que l'on fait. Bosman a tout changé, pouvoir changer de club si facilement a beaucoup dénaturé le foot. Il y a un grand chamboulement des effectifs. Quand ça ne se passe pas bien pour un joueur, plutôt que de bosser, il va voir ailleurs si l'herbe n'est pas plus verte, si l'entraîneur va mieux lui correspondre. Ça, c'est l'un des problèmes majeurs que doit résoudre un dirigeant. Et ces bouleversements incessants dans les effectifs ont comme conséquence la multiplication des « bananes » sur les terrains et dans les effectifs de Ligue 1 ! Des joueurs surcotés et surpayés.

Au final, entre deux joueurs, un gestionnaire prend le moins cher. Mais le pire, c'est quand tu as le choix entre un joueur qui coûte 1 million et un autre 5, et que c'est celui qui coûte le moins cher qui est meilleur, parfois le président te dit : « On va prendre le plus cher, car ça veut dire qu'il est plus fort… » Si tu es un bon agent aujourd'hui, tu peux te régaler. Vu les trompettes qui sont à la tête de certains clubs ! Parfois aussi, on prend un type parce qu'il va faire vendre des maillots. Là, on tombe dans l'excès absolu et ça me rend dingue ! C'est loin d'être rare dans le foot moderne. Le président prend une banane qui a une bonne image et toi, l'entraîneur, tu te débrouilles pour le faire jouer.. et bien si possible !

Le Real Madrid est l'un des premiers clubs a avoir privilégié le marketing. Le président Florentino Perez assumait ce choix… Ce fut la politique des « galactiques ».

Oui, mais là, les joueurs recrutés étaient quand même des pointures du foot mondial. On est alors, c'est vrai, en plein dans le foot-business. Mais il faut savoir qu'au Real, ce n'est pas une nouveauté. Dans les années 60, on prenait déjà les meilleurs. On faisait déjà cette politique « galactique ». C'est vrai qu'économiquement c'est peut-être une réussite, mais sportivement ça n'a pas eu les résultats escomptés. Le Real a exagéré. Le président a recruté pleins d'attaquants. L'effectif était déséquilibré et, avec ça, l'entraîneur devait quand même gagner, rentabiliser les investissements. À ce titre, laisser partir Claude Makelele fut une grave erreur. Le club a alors ressemblé à un cirque, c'était la Piste aux Étoiles ! Reste quand même qu'à plusieurs reprises, on s'est régalé avec cette équipe. Ça faisait un peu Harlem Globe Trotters, mais quand ça tournait bien… Après, pour un entraîneur, diriger cette équipe, gérer ces ego de stars, quel casse-tête !

Le foot-business est quand même une réalité contre laquelle il apparaît de plus en plus difficile de lutter, non ?

Oui, mais ça n'empêche pas d'en critiquer les excès ! Regarde

Jean-Michel Aulas, en France, c'est Monsieur Foot-business. Au départ, il ne savait rien. Le foot lui était étranger mais il a appris. Il s'est bien entouré, ce qui est évidemment un signe de grande intelligence. Bernard Lacombe est quand même un super pro. Lyon est un club qui a énormément grandi. Lyon n'était rien avant Aulas. J'ai connu l'OL quand j'étais môme. Il n'y avait rien. Et aujourd'hui, c'est devenu un grand club. L'image d'Aulas n'est pas toujours bonne, il n'est pas très aimé, c'est vrai aussi. Quand, à la fin d'un match de Lyon, le premier à parler c'est Aulas, c'est vrai que c'est agaçant. Son premier souci, c'est de savoir comment on va parler de lui. Il gère son image. Mais même s'il est critiquable, son travail est excellent ! À Lyon, Aulas est un dieu quand même ! En vingt ans, ce type a réussi un truc incroyable. Je suis comme beaucoup, très partagé sur son compte. Il est admirable par bien des égards et critiquable sur d'autres. C'est un être ambivalent et assurément intelligent.

Ce qui me plaît dans ce club, c'est la notion de travail accompli, le sentiment que tu as les moyens de travailler, le temps de développer un projet. C'est unique en France. Si à l'étranger tu peux bosser, en France tu ne peux rien faire. Envisager de gagner une Coupe d'Europe, c'est illusoire chez nous. Malgré tout ses progrès, j'ai du mal à voir Lyon réussir en Coupe d'Europe. La faiblesse du championnat français, la non-concurrence sont des gros handicaps. Depuis trop longtemps, ils gagnent facilement. Les joueurs ne se subliment plus, ce qui est pourtant essentiel en Coupe d'Europe. Lors de cette saison 2007/08, Bordeaux s'affirme comme un rival, mais un seul concurrent ce n'est pas assez. Lyon est, comme beaucoup de clubs avant lui en France, seul en haut. Reims, Saint-Étienne, Bordeaux, Marseille, Paris ont connu ce genre de situation. De ce côté-là, Aulas a mis du temps, je trouve, à comprendre que la concurrence était primordiale. Depuis quelque temps, je l'entends de plus en plus parler de ça.

L'un des handicaps majeurs du championnat de France est aussi son manque de stars…

C'est difficile en France d'attirer de grands joueurs, mais c'est normal. Ce championnat ne fait plus rêver personne. Ou alors tu prends une vedette finie ou en disgrâce tels Kluivert qui est cuit ou Baros que tu vas chercher dans un club pourri en Angleterre. Le plus gros problème reste le manque de locomotives. Les défaillances répétées du PSG et de l'OM sont à ce titre responsables du retard pris par le foot français. On a besoin de Nancy et de Lorient mais ce qui fera la force du championnat, ce sera la présence de Paris, Marseille et Lyon en haut.

À Marseille, les choses semblent s'arranger. Après des années d'errance, ils ont trouvé une direction stable. Mais longtemps, l'environnement a quand même été curieux, enfin j'utilise ce mot, pas sûr que ce soit le bon. La relation entre la direction administrative et sportive était surréaliste. D'un côté Thierry de La Brosse, de l'autre Pape Diouf… C'était un vrai panier de crabes. Comment veux-tu faire avancer un club dans ces conditions? Avec des gens qui se tirent dans les pattes au lieu d'aller dans le même sens. José Anigo me semble être la seule personne qui parvienne à maîtriser les différents paramètres de ce club. C'est un historique, il incarne l'identité marseillaise. Aujourd'hui, le climat autour du club semble apaisé. D'ailleurs les résultats sportifs sont nettement meilleurs. Trop longtemps, l'actionnaire Robert Louis-Dreyfus, qui est pourtant un vrai passionné et qui a mis beaucoup d'argent dans le club, s'est trompé sur les hommes à qui il a fait confiance.

Canal + a fait la même chose au PSG pendant très longtemps aussi. L'argent comme argument numéro 1 pour expliquer les déboires sportifs ne tient alors pas debout.

Globalement le foot français manque de personnalités. À la limite, il faudrait plusieurs Aulas…

Michel Seydoux, le président du club de Lille, est bien plus discret que son homologue lyonnais. Au LOSC, il essaie de construire un club important. Son mode de fonctionnement est proche de ce qui se fait en Angleterre. Pour lui, le club est une entreprise à part entière. C'est donc un président libéral dans ses choix de gestion, qui laisse une entière liberté à son entraîneur. C'est dans ses bureaux parisiens que M. Seydoux nous reçoit. L'endroit est élégant, calme, à l'image de son hôte par ailleurs disponible et d'une grande amabilité. Luis Fernandez-Michel Seydoux : entretien.

Luis Fernandez : Quel est, selon toi, le principal problème du foot français ? Tu as souvent parlé de défaillance structurelle.

Michel Seydoux : En France, nous avons une histoire et un héritage compliqués à assumer : la mixité entre les mondes amateur et professionnel. C'est la séparation entre l'Église et l'État. La rupture entre le public et le privé. Un problème, selon moi, fondamental. Et la question essentielle est de savoir si l'on doit toujours dépendre de l'État.

On sait faire beaucoup de choses très bien comme la formation, la gestion des clubs, la préparation sportive. Concrètement donc, on a d'un côté le monde amateur, le foot à papa, des copains. Et de l'autre, le nôtre, c'est un métier et c'est pour ça qu'on appelle ça le monde pro. Ce monde-là offre un spectacle, et pour offrir le meilleur possible, il faut de l'argent. On entre dans un monde concurrentiel avec d'autres personnes qui, elles aussi, veulent offrir le meilleur spectacle possible.

Fondamentalement, il ne faut pas se réfugier derrière le problème de l'argent dans les facteurs d'échec du foot français. Ce n'est pas ça, ou en tout cas pas ça en premier lieu.

L.F. : Pourtant, c'est le premier point mis en avant pour expliquer le retard français. Les autres sont plus riches, donc ils sont plus forts…

M.S. : Le retard économique du foot français est d'abord notre échec. Et je réprouve l'explication typiquement française consistant à chercher des fautifs partout sauf là où il faut. Nous sommes responsables de notre échec ! Et ce n'est pas toujours le poteau qui met le ballon à l'extérieur… La mainmise du foot fédéral amateur sur le monde professionnel n'est pas normale. La FFF a tous les droits et délègue, ça c'est la base ! On est donc trop souvent dépendant des changements politiques, des hommes placés en haut de la hiérarchie. C'est compliqué d'avancer dans ces conditions. La LFP a délégation, partant de là, les clubs n'ont pas d'autonomie pour gérer le foot pro comme ils l'entendent. Premier exemple : on ne va pas jouer le dimanche après-midi parce que le monde amateur ne veut pas. Parce qu'ils jouent en même temps. Je trouve ça incohérent. Pourquoi s'adapter l'un à l'autre ? On ne demande pas à un chanteur amateur si ça l'emmerde que son concert à la MJC de « Machin » soit à la même heure que celui de Johnny au Stade de France.

L.F. : L'équipe réserve d'un club joue dans le championnat amateur. Cela pose des problèmes. Un gars peut se blesser dans un match de ce niveau et cela a une énorme influence sur le groupe pro.

M.S. : C'est exact et, quand vous prenez un carton en réserve, vous êtes jugé par la commission de la Fédération. On est alors loin du foot pro ! Il y a deux juridictions différentes pour un même joueur…

Mais parlons du problème essentiel, et je reviens à la question initiale sur les infrastructures. Avoir un stade fonctionnel, un véritable outil de travail, c'est une base primordiale. Grenoble, Brest et d'autres font, en ce moment, des stades. Il y a enfin un mouvement qui existe en ce sens. Sur le budget d'un club aujourd'hui, 95% sont dédiés au secteur sportif : c'est sidérant ! Selon moi, on oublie l'outil principal. Il faut sortir du raisonnement à court terme. On doit penser l'investissement en terme structurant. Notre centre d'entraînement de Luchin, c'est du long terme. Le terrain est là, nous appartient et sera à nous quoi qu'il arrive, ça vaudra toujours de l'argent, non? J'estime que là, on est dans le vrai. C'est un patrimoine immobilier. Et avec ça, on raisonne à long terme.

L.F.: Vous avez donc construit un super centre d'entraînement. Reste le stade. Cela est un vrai handicap pour vous, même si enfin la solution semble trouvée…

M.S.: On a construit le centre d'entraînement sans l'aide des collectivités et ça c'est un choc, c'est totalement nouveau. La Jonnelière à Nantes, ça appartient à la ville. Nous, nous avons acheté les 49 hectares et nous avons tout fait tout seuls. Le secteur public ne nous a rien donné. Et je trouve ça normal. Je suis une entreprise, je dois payer, je me débrouille, je gère. Ce n'est pas à la sphère publique de mettre son nez là-dedans. De décider quand, comment on va le faire et l'utiliser. Je ne vais pas aller voir le maire en lui disant: «Martine[1], donne-moi tant pour que je fasse ça.» Après, comment veux-tu que je sois libre? Et je te garantis que c'est plus rentable à l'arrivée pour le club. Tu vas gagner de l'argent. Si Arsenal met un paquet d'argent pour son nouveau stade, c'est qu'il savent que ça va être rentable. À part Abramovitch à Chelsea, personne ne perd de l'argent en souriant!

L.F.: Mais si vous faites votre stade tout seuls, le risque n'est-il pas trop grand?

M.S.: Mais non! On peut faire 50 000 ou 80 000 places, pourquoi pas? On doit réfléchir aux solutions afin de rendre l'opération rentable. Reste le problème de la terre, de l'endroit. Le club ne peut pas décider seul du lieu où il va s'implanter. C'est le public qui doit le déterminer. L'aménagement du territoire, ça appartient au public. Ce sont les élus qui décident de ça, des zones commerciales, des zones d'habitation. Et dans notre dossier, ce qui a longtemps bloqué, c'est justement l'emplacement. Ce que je trouve dingue puisque Lille a été candidat à l'organisation des Jeux Olympiques. Des années plus tard, on nous dit qu'il n'y a pas d'endroit pour faire le stade! Résultat, on a fait plein de commissions différentes, comme on aime en faire en France, et on a tergiversé longtemps, trop longtemps.

---

1. *Martine Aubry (ndle).*

Le stade, je vois ça comme un outil indispensable à l'épanouissement d'une ville. Un élement fédérateur car il va rassembler les gens. C'est indispensable dans une grande ville. Qu'une agglomération comme Lille n'ait pas de stade, c'est fou ! Dans les grandes villes européennes, il y en a un, voire deux. J'ai fait le tour d'Europe pour étudier le dossier. Le Stadio Da Luz à Lisbonne a été payé par Benfica : ça leur a couté plus de 100 millions. Le terrain a été donné par la ville, ils ont profité des subventions de l'Europe et de l'aide étatique lors de l'Euro 2004. Mais au final, le stade appartient au club.

L.F. : La situation que tu décris, c'est la chose qu'on n'a pas su faire en France à l'occasion du Mondial 98.

M.S. : Oui bien sûr, c'est un échec total. On a mis tout le pognon dans le Stade de France, stade sans club, et on a bricolé – souvent mal d'ailleurs – d'autres stades. Le seul stade de foot sérieux en France, c'est le Parc des Princes.

L.F. : Et encore, dans l'optique du stade moderne et d'avenir, le Parc ne répond pas à toutes les exigences. Même si on peut organiser au Parc des spectacles divers. Mais le pouvoir de le faire n'est pas consenti au club. Détenir tous les droits sur un stade fait peur aux politiques.

M.S. : C'est vrai. Tu touches là un problème capital, c'est le pouvoir d'un président de club. Ça fout la trouille aux politiques. On est les seuls à pouvoir apporter en permanence des bonnes nouvelles à une ville, en cas de succès ! On est les seuls à pouvoir occuper la première page des journaux le lundi matin à la place des politiques. Quand ton équipe gagne, c'est quand même une meilleure nouvelle qu'une vieille dame qui tombe du 4e étage.

Dans le passé, des présidents ont eu un pouvoir considérable. Tapie à Marseille ou Roger Rocher à Saint-Étienne. Rocher, c'était le boss à Saint-Étienne. Il entrait dans le bureau de Guichard et décidait de ce qu'il voulait. Je me suis rendu compte de ça petit à petit. À Lille, on a enquêté sur moi ! Je sais que les Renseignements généraux ont cherché à savoir si j'avais des ambitions politiques. Si la mairie pouvait m'intéresser.

Le club, au départ, est municipal. Longtemps, le président était un copain du maire. On le plaçait à ce poste, on lui disait : « Tiens, tu ne veux pas présider le club ? », et hop, il devenait président ! À Paris, longtemps Francis Borelli allait au conseil municipal pour avoir une rallonge. Tout cela est illogique.

Autre chose illogique : la taxe sur les spectacles, ce pourcentage que tu donnes à la ville sur la billetterie. En plus, ce n'est pas une somme identique selon les villes. Cela crée donc un déséquilibre. Certains clubs sont plus taxés que d'autres. Moi, je n'ai rien contre les taxes mais il faut qu'elles soient égalitaires. C'est 12% chez nous. Je paye donc chaque année 300 à 400 000 euros. Cela commence à être de l'argent, non ? À Lens, cette taxe n'existe pas ! Ce n'est quand même pas normal, ça lui fait une belle économie à Gervais Martel. Je continue mon raisonnement, pourquoi le contribuable paierait-il pour avoir un stade puisqu'à travers la ville, il paye ? Et ce, même s'il n'a que faire du foot. Le contribuable ne paye pas la tournée de Johnny, que je sache ?

L.F. : La politique a-t-elle influé directement sur l'essor du sport dans ta région ?

M.S. : Pour faire bref, à un moment, on a décidé que le sport ce serait Lens et la culture Lille ! On a décidé ça comme on déciderait de bouffer des nouilles ou du poisson. Il faut qu'une bonne fois pour toutes, le politique se retire de ce genre de dossier. Concernant notre stade, on a attendu six ans pour enfin avoir une décision favorable à sa construction. Pendant trop longtemps on a considéré que le LOSC appartenait à la mairie. À un moment, quand les discussions se sont un peu enflammées, le maire Martine Aubry ne m'a plus parlé pendant six mois.

On vise donc 2010 ! Huit ans après avoir lancé le projet, on va enfin avoir notre stade. Tu te rends compte, quand même, que quand j'ai repris le club, mes prédécesseurs Luc Dayan et Francis Graille avaient un document signé où il était précisé que la question du stade était entendue. À l'époque, ça devait être fait sur le site de Grimonprez-Jooris ! Que valait cette signature dans ce cas-là, puisqu'on a découvert ensuite que le site était inexploitable ? Alors on est partis jouer à Villeneuve d'Asq. Franchement, dans un tel cadre, quelle star vas-tu faire venir ?

L.F. : Peut-on parler globalement d'une approche de gauche ou de droite, au travers de ces questions ?

M.S. : Il y a peut être une vision libérale, la mienne, qui se heurte souvent à une vision plus assistée, c'est vrai. Après, je ne peux pas affirmer que je sens plus de blocage à gauche qu'à droite. Je ne peux pas dire une chose pareille. Un jour toutefois, Pierre Mauroy m'a donné une réponse stupéfiante. Mauroy, c'est le roi du consensus. On discutait du stade, de son retard, de mon ras-le-bol, et il me dit : « Écoutez, je suis un socialiste. Et pas un socialiste à la mode british. Personnellement, je ne conçois pas que le stade de la ville de Lille appartienne au privé à 100 % ! » Tout est là, non ? Le développement économique, les idées d'investissement... L'Arena d'Amsterdam organise plus de 100 manifestations par an. Le foot, en prenant large, ça représente 25 matchs ! Au total, il y a donc une manifestation tous les trois jours. Ça rapporte un fric monstrueux à tout le monde. La ville, le club, les gens en profitent. On fait plein de choses dans ce stade, plein d'activités et c'est une exploitation privée !

L.F. : Toujours par rapport au stade. Je crois que tu es un partisan du *naming*. Le stade qui porte le nom d'une marque. En Angleterre, en Allemagne, c'est désormais courant. Et cela peut être une rentrée d'argent non négligeable.

M.S. : C'est effectivement une rentrée d'argent considérable ! Mais on bute sur certains conservatismes, là encore. Que l'on m'explique quel est l'intérêt de garder le nom : Stade de la route de Lorient, on s'en fout, non ? Ça apporte quoi ? Et si on regarde les choses de plus près, on s'aperçoit que le *naming* existe en France depuis longtemps. Le stade Geoffroy Guichard, c'est le nom d'une famille de la région et personne n'ignore que c'est Casino, une entreprise privée. Voilà une hypocrisie bien française. Chaban-Delmas d'une certaine façon, c'est du *naming*. Et Bonal, on préfère dire Stade Bonal que Stade Peugeot ! Mais c'est pareil, non ? Au fond qui sait ou qui se soucie de savoir qui étaient Félix Bollaert ou Grimonprez Jooris ? C'est un débat de plusieurs millions d'euros par an. Et si on l'appelle Le Stade de Lille Métropole, c'est un nom ! On fait la promo de la ville, donc on doit être payé ! En quoi, si le stade de Lille s'appelle Toyota, je perdrai mon âme ? Les Anglais ont-ils eu des états d'âme au moment de changer certains noms, comme Arsenal avec son Stade Emirates ?

L.F. : Parmi les autres raisons invoquées pour expliquer le retard français, il y a une fiscalité dite pénalisante…

M.S. : Je ne suis pas d'accord. Notre fiscalité est ce qu'elle est. Je ne suis pas sûr qu'elle soit plus terrible qu'ailleurs. Et ce qui a été fait récemment en ce qui concerne les droits d'image, ça a beaucoup aidé les clubs. L'effort des politiques a été énorme sur ce sujet. Mais j'ai noté que personne n'a remercié. Le monde du foot a trouvé cela normal. Ce fut pourtant un gros cadeau. Et plus le club est gros, plus le cadeau est gros.

L.F. : Ça se chiffre à combien ?

M.S. : Pour un club comme Lille, c'est un cadeau fiscal d'un million et demi d'euros par an. C'est pas mal, non ? Pour un club comme Lyon, c'est de l'ordre de cinq millions. On commence à parler de sommes sérieuses ! Avec ça, tu peux envisager le recrutement d'un joueur de qualité convenable. Ou le salaire de quelques stars…

Notre problème principal, c'est l'attractivité. Donc ça passe par de la construction, un beau centre d'entraînement, un beau stade… Il faut aussi mettre à la disposition des sportifs de haut niveau les moyens pour réussir. Il faut entourer, s'occuper parfaitement bien du sportif. Il ne doit penser qu'au terrain.

L.F. : Passons à autre chose, qu'est-ce qui motive un homme d'affaires à investir dans le foot, et à y rester ?

M.S. : Aujourd'hui, il faut faire tomber tous les barrages dont j'ai parlé précédemment. Il faut en finir avec les anciennes affaires qui font encore l'actualité, les problèmes d'agents véreux. Et quand le ménage sera fait, la place sera libre pour des investisseurs sérieux.

Ce qui arrive à Robert Louis-Dreyfus est quand même fou. Il est accusé d'abus de bien social alors qu'il n'y est pour rien. Il a été mis en cause, juste parce qu'à un moment certains ont profité d'une situation. Ce genre de chose peut effectivement refroidir certaines personnes à venir dans le foot ! À Lille, on a fait une liste d'agents que j'appelle les « moutons noirs » : peu importe qu'on ait manqué certains joueurs à cause de ça, on s'en fout ! On ne négocie pas avec eux. L'histoire d'André-Pierre Gignac m'a refroidi. Il devait signer, le deal était fait, et il s'est barré à Toulouse. Et ça ne s'est pas passé au dernier moment. Les transferts, ça se prépare longtemps à l'avance. Il avait donc eu le temps de réfléchir. Je trouve ça dégueulasse. Au dernier moment, il se rétracte et change de club. Son entourage l'a fait changer d'avis. L'entourage, c'est tellement dur à gérer dans un transfert. De toute façon, sans entourage de qualité le joueur ne réussit pas.

Donc, en attendant d'être totalement compétitif pour attirer des joueurs capables de faire la différence, il faut qu'on bosse sur la formation. Et de ce côté-là, quand je suis arrivé au club, c'était le désert de Gobbi...

L.F. : Comment retenir le jeune joueur formé au club mais qui, à vingt ans, se voit offrir une proposition ?

M.S. : Je ne le retiens pas. Je suis contre les lois protectrices. Acceptons la loi du marché, à nous de bosser pour les garder. J'en reviens à l'attractivité. À nous de le convaincre, que ce soit avec de l'argent ou un projet, à nous de trouver la solution. Un club, c'est une entreprise et si, dans une boîte d'informatique, l'ingénieur est débauché, on ne dit rien, que je sache ? À moi de protéger le joueur, de le faire signer tôt ! À moi surtout de constater avant le recruteur étranger que mon joueur est vraiment bon et qu'il mérite l'effort financier que l'on doit consentir. Jean Makoun a été contacté par beaucoup de grands clubs. On l'a gardé et, je t'assure, sans pour autant le surpayer. On a répondu à d'autres attentes de sa part. Mathieu Bodmer, c'était différent, tout comme Éric Abidal. Ils visaient l'équipe de France et ont voulu partir.

L.F. : Quels rapports établis-tu avec tes joueurs ?

M.S. : En dehors de rendez-vous fixés à l'avance, je n'entretiens aucun rapport avec les joueurs. Je suis comme toi, je crois que le président ne doit pas ouvrir sa porte aux plaintes et autres revendications. C'est l'histoire Lizarazu à l'OM. Il veut partir et va voir Robert Louis-Dreyfus pour lui en parler et négocier. Il joue de son statut pour rencontrer le président. Moi je joue au golf, et je ne vais pas jouer avec mes joueurs, je ne veux pas copiner, c'est chacun à sa place. On ne peut pas faire autrement. On ne peut pas avoir plus ou moins de rapport avec l'un ou l'autre. L'affectif ne doit pas entrer en jeu, sinon c'est foutu ! Il faut une relation saine, sans différence. Le terrain et le vestiaire c'est pour l'entraîneur, je n'ai rien à faire là-dedans !

L.F. : Comment vois-tu précisément ton rôle ?

M.S. : J'essaie d'éviter de tomber dans l'un des défauts majeurs du foot français, à savoir celui de gérer l'instant sans anticipation. Le rôle du président est de voir plus loin. Quel que soit le job, le chef d'entreprise doit définir un projet. Après, tu prends un coach avec qui tu écris cette histoire et tu te mets d'accord avec lui. Mais la plupart ne pensent pas comme ça. Ils n'écrivent que le prochain match. On pense au Mercato d'hiver, on va recruter Duchmok, et puis si ça ne va pas, on prendra Duchmol cet été. C'est de l'anticipation à la con ! Quand j'ai pris la présidence en 2002, j'ai déterminé un projet pour 2007. Tout ne s'est pas passé comme prévu, mais on a avancé.

On avait un club aux structures de Ligue 2. On était dans l'optique d'une lutte pour le maintien. Il fallait tout repenser, embaucher là où il fallait, là où on pêchait, là où on était mauvais. On a construit.

L.F. : Chaque année est une remise en cause ?

M.S. : Oui et il n'y a pas plus dangereux que la réussite. C'est un peu ce qui est arrivé à certains clubs français. Saint-Étienne, l'OM, le PSG par exemple. Ils sont arrivés en haut et n'ont pas su se maintenir et avancer. Quand les joueurs français arrivent en Angleterre, ils sont toujours sidérés par les conditions de travail. Ils ne veulent plus remettre les pieds en France. En Allemagne, c'est pareil. Quand tu lis une interview de Ribéry dans laquelle il parle du Bayern, tu comprends qu'il ne reviendra jamais. Je dirais même que peu importe l'argent que tu vas lui donner en France. On retombe toujours dans le problème de l'attractivité.

À Lille, ce n'est pas tant le manque d'argent qui nous bloque. On pourrait recruter et payer certains joueurs. Mais ils ne viennent pas en raison de ce manque d'attractivité. Et pourtant, notre club est bien géré. Le salaire, je t'assure que ce n'est pas toujours ce qui bloque. En France, il y a trois quatre clubs susceptibles d'attirer des joueurs. C'est pour ça que je dis et répète que l'argent n'est pas toujours le handicap n°1 pour le football français.

L.F. : Ton modèle de présidence est plutôt anglais…

M.S. : La gestion d'un club, c'est chacun sa place. Cela ne m'empêche pas d'échanger avec le coach Claude Puel. On peut parler tactique pourquoi pas, mais c'est son métier, pas le mien. Il doit y avoir une vraie connivence. On doit être dans un rapport de confiance. Pour cela, j'invite Claude Puel par exemple au conseil d'administration du club pour qu'il sache où l'on va d'un point de vue économique. Je souhaite qu'il n'apprenne pas au dernier moment si oui ou non on doit vendre un joueur. Si on a des difficultés ou toutes sortes de choses de ce genre. Je tiens à ce qu'il sache tout du projet. Il peut alors adapter sa réflexion et penser à moyen ou à long terme.

L.F. : C'est une marque de confiance rare entre un président et un coach.

M.S : Peut-être, mais je considère que l'entraîneur est un collaborateur de très haut niveau dans l'entreprise. Il a en général un très bon salaire et donc des droits et des devoirs. C'est quelqu'un de très important. C'est le metteur en scène du spectacle. Et il sait que la stabilité du poste est faible. De son côté, mais aussi du nôtre, on sait qu'il y a beaucoup d'aléas. Le but est que tout soit dit et clairement. Il faut donc se parler. La communication est essentielle. Entraîneur est un métier extrêmement difficile. Mais, selon moi, il n'y a pas que l'entraîneur qui doive se sentir menacé quand ça ne marche pas. Le président doit aussi sentir quand ça ne va pas et quand c'est de sa faute. Dans une entreprise, personne n'est intouchable.

L.F. : Le mieux, c'est encore de faire le bon choix, dès le départ…

M.S : Il faut effectivement faire très attention au casting. Savoir vite si l'entraîneur convient, si le duo peut fonctionner. Quand je suis arrivé à Lille, j'ai vite pris conscience que je ne pourrais pas m'entendre avec Vahid Halilhodzic. J'ai donc demandé à Francis Graille, à qui j'allais succéder, de préparer un divorce à l'amiable. Vahid, à ce moment-là, est au sommet de son aura. C'est difficile, mais j'ai le sentiment que l'on n'y arrivera pas ensemble. Après, Vahid a fait un grand cinéma de mégalo médiatique, mais tout était prêt en coulisse. Je ne me voyais pas travailler avec lui, c'est tout. En règle générale, le côté théâtral de la séparation entraîneur-club pourrait souvent être évité. Sur le fond, il faut toujours éviter qu'un club soit dans la rubrique faits-divers.

L.F. : Certains clubs sont plus exposés. Il y a des villes qui offrent des tentations aux joueurs. Et cela ne facilite pas la gestion d'un groupe.

M.S : Oui, mais ça existe partout, tu sais. C'est juste moins exposé. À Lille aussi, le joueur peut faire le con s'il veut. Et je vais même te dire, on le contrôle. On a nos « indics » qui nous renseignent. Ce qui est vrai, c'est que c'est plus simple à faire dans une ville comme Lille. L'entraîneur doit alors avoir des réseaux pour savoir ce que font ses joueurs. C'est normal. Notre handicap, c'est d'être frontalier. Certains n'ont que quelques kilomètres à faire pour aller faire la fête en Belgique. Allez, on ne va pas se raconter d'histoires, sans avoir un réseau d'espionnage sophistiqué, c'est quand même très simple de savoir si les joueurs sortent.

L.F. : C'est vrai, en Espagne, dans les restos, les boîtes, les lieux de sortie, les médias ont des indics, rien ne peut leur échapper. Et les gars téléphonent aux radios pour raconter ce qu'il ont vu ! Passons à autre chose, explique-nous ce qu'est la FAP, Football Avenir Professionnel, cette organisation mise en place récemment.

M.S : La FAP, c'est un groupe de réflexion. La gouvernance de la Ligue est défaillante. Nos revendications sont plus techniques qu'autre chose. On ne veut pas rompre avec la solidarité entre clubs, sauf avec la Ligue 2. Et là encore, je parle de la gouvernance. La Ligue 1 doit se gérer elle-même. Les clubs de L1 doivent décider eux-mêmes de la façon de faire évoluer le foot pro.

L.F. : La FAP, c'est comment gagner plus d'argent ?

M.S : Permets-moi de compléter ta vision. La FAP doit permettre d'envisager le foot de demain. La finalité est financière évidemment. Faire en sorte que les clubs aient plus de moyens. Où peut-on récupérer de l'argent ? D'abord on peut revenir sur la taxe Buffet. Le foot pro donne peut-être trop d'argent aux autres sports. C'est un particularisme français dont on peut discuter, il me semble. Ensuite, je crois savoir que les frais de fonctionnement de la LFP sont trop importants. Pour une petite réunion, on file dans un palace.

L.F. : Que doit-on penser de Frédéric Thiriez ? N'est-il pas trop proche d'Aulas ? Il me donne l'impression d'être son homme de main…

M.S : Je ne suis pas d'accord avec toi. C'est exagéré comme jugement. Je pense néanmoins que le président de la Ligue doit avoir moins de pouvoir. Le football français doit être géré par ses acteurs principaux.

L.F. : Je trouve incroyable que le PSG, l'OM, Saint-Étienne ou encore Bordeaux ne soient pas représentés à la Ligue. D'ailleurs, pour ce qui est de la FAP, l'OM et Saint-Étienne n'en font pas partie. Ce qui, à mon sens, décrédibilise l'institution.

M.S : Je pense que c'est un épiphénomène. J'espère du reste que cet état de fait ne durera pas. Pour la FAP, je suis sûr que l'OM voulait en faire partie. Diouf a refusé mais c'est juste un problème de personne. C'est la relation Aulas/Diouf qui a fait capoter l'affaire. Mais, sur le fond, l'OM ne peut qu'être d'accord avec nous.

On a fait un mauvais procès à la FAP. Il faut quand même changer les mentalités dans le foot français. Notre mouvement est éphémère, il a pour but de faire bouger les choses, de lancer des idées. Il faut revoir la gouvernance du foot pro, ça ne veut pas dire changer la présidence de la Ligue.

L.F. : Donc, si je te suis, tu veux secouer le cocotier pour voir ce qui va tomber ?

M.S : C'est ça ! Le droit européen, par exemple, fait tomber les protections en tout genre, les unes après les autres. Il faut s'adapter à ça, anticiper ces mouvements, ces évolutions. Mais je note quand même un progrès. Aujourd'hui, un type comme moi peut s'exprimer. Hier, dans ce que j'appelle le « foot à papa », on ne m'aurait pas laissé parler. Avant, tu avais un gros, un « Parrain » qui parlait et c'est tout. De temps en temps, un petit dans son coin gueulait. Le « Parrain » lui achetait un joueur, un jeune qui coûte cher, et ça se tassait. Aujourd'hui, les choses semblent devoir évoluer.

L.F. : Comment juges-tu le projet de la LFP ? Le « foot pro 2012 » ?

M.S : Mais c'est aux clubs de monter un tel projet ! Avec le président Thiriez certes, en collaboration avec la Ligue évidemment, mais ce n'est pas à la LFP de monter ça seule. L'équation doit être : les clubs + le président Thiriez, et pas l'inverse. Ce n'est quand même pas à Frédéric Thiriez de dire comment fonctionnera le foot en 2012 !

L.F. : Parlons du budget des clubs, il existe un vrai problème de télédépendance..

M.S : C'est exact, et il faudrait sortir de ça. Les droits TV représentent 50 % du budget en moyenne. Et, pour certains clubs, ça monte au delà de 70 % ! On ne peut pas rester à ce point dépendant des sommes que veulent bien offrir les diffuseurs TV. Les joueurs coûtent de plus en plus cher. Les prix en France sont équivalents à la D2 en Angleterre. On lutte de moins en moins. Il faut absolument trouver d'autres sources de revenus.

Tu connais ce chiffre qui fait peur : la billetterie du seul match Manchester UTD/Lille en Ligue des Champions, en 2007, était équivalente à nos recettes billets sur deux saisons ! Cela devient impossible de lutter. Tu es alors obligé de tenter des paris comme celui qu'on a tenté avec Patrick Kluivert. On l'a fait parce que ça ne coûtait rien. On essaie, il vient et on verra bien.

L.F. : Que penses-tu de l'indexation sur la performance pour le paiement d'un joueur ? Que l'on paye un joueur en fonction de son talent et pas de son statut…

M.S : Je pense que c'est une bonne idée. Cela semble toutefois assez difficile à mettre en œuvre, mais pourquoi pas ? Aujourd'hui, la masse salariale est définie par la direction financière. Elle est ensuite transmise au coach. Pourquoi ne pas envisager qu'il l'utilise en fonction d'une politique d'objectifs ? Je propose une autre équation possible : plus le stade est rempli, plus le spectacle est bon, donc plus on paye le joueur. On ferait alors une réflexion proche de celle du ciné. Plus le film est bon, plus on paye l'acteur.

Je crois qu'il faut aujourd'hui qu'on propose des idées, qu'on lance un vaste chantier. Ce que je souhaite, c'est qu'aujourd'hui le foot fasse preuve d'innovation. Comme en toute matière, c'est la clef du succès. Il faut de nouvelles idées. Il faut des débats, des échanges, pour que le foot français avance enfin.

Luis, pourquoi rechignes-tu à dire que tu es supporter du PSG ? Tu sembles toujours vouloir afficher ton détachement par rapport au club, alors que tout le monde sait...

Mais je ne suis pas supporter, arrête de m'emmerder avec ça !

Mais tu en parles tout le temps, pourquoi cherches-tu toujours à nier une évidence ?

C'est mon club, voilà ! Tu es content ? Mais je ne suis pas supporter.

Luis doit être le seul à saisir cette nuance des plus mystérieuses. Après tout, il y a passé tellement d'années de sa vie qu'il est bien obligé d'en parler...

J'en parle quand il se passe des choses qui m'agacent. Et le fonctionnement du club fait partie de ces choses. Peux-tu me dire à quoi sert Alain Roche ? Comment fonctionne la cellule recrutement ? Raï est parti au bout d'un an d'un contrat qui n'a servi à rien puisqu'il n'a fait venir aucun joueur malgré un très bon salaire. Moi, quand je vais au Parc, je garde la tête haute, je suis tranquille, je me retourne sans problème. Je sais ce que j'ai fait pour ce club. Ce n'est pas le cas de tout le monde...

Mais il y a quand même des choses qui te plaisent aujourd'hui au PSG, non ?

Je garde beaucoup de respect et d'affection pour Alain Cayzac. Au niveau des joueurs, j'apprécie Jérôme Rothen et Pauleta. Sur Jérôme Rothen, je me suis trompé. Quand il jouait à Troyes, je n'étais pas convaincu. À Monaco, cela a changé. Il a montré qu'il pouvait jouer dans un grand club, mais à l'époque j'ai commis une erreur, c'est certain.

En 2002, le transfert de Jérôme Rothen au PSG fut évoqué. Parisien de cœur, le joueur avait manifesté son envie d'évoluer dans la capitale. Mais Luis Fernandez, alors entraîneur, avait déclaré en substance que le costume du PSG était trop grand pour Jérôme Rothen. À la place, Luis avait recruté Agostinho, un joueur portugais. Plus personne ne se rappelle aujourd'hui comment lui allait le costume parisien...

La vie de Luis entraîneur du PSG se divise en deux périodes. La première va de 1994 à 1996. Le seconde de décembre 2000 à juin 2003.

J'ai été un sourire ! Le sourire qui manquait au club, qu'ils disaient à Canal. Tu te souviens de cette connerie de Biétry ?

En 1994, le PSG entraîné par Artur Jorge domine un championnat de France qu'il va remporter quelques semaines plus tard. À Canal +, en interne, les critiques sont pourtant nombreuses. Charles Biétry, patron des sports de la chaîne et commentateur vedette, n'a visiblement jamais digéré le fait de ne pas avoir été nommé à la tête du club en 1991, lors de son rachat par Canal +. Lorsqu'il commente le PSG, même si celui-ci gagne, ses critiques sont permanentes. Selon lui, le jeu n'est pas assez flamboyant. Artur Jorge, l'entraîneur portugais, est sa cible préférée. Pas assez enthousiaste, trop sérieux, trop fermé, pas assez dans le fameux « esprit Canal » de l'époque. Un jour, Biétry lança donc cette formule devenue célèbre : « Il manque un sourire au PSG ! »

On a gagné, mais on s'est fait chier avec le moustachu, donc on va prendre « un sourire ». Un clown, quoi ! On ne recrute rien, mais on a Luis ! Et Luis, en plus, on peut le prendre pour une banane. Il est tellement content d'être là, le sourire ! On lui dit, mais oui tu vas avoir une belle équipe. Et on fait venir Séchet et Dieng !

Alors j'ai fait autrement, j'ai recruté au sein de mon effectif. J'ai relancé des joueurs cuits, que le club ne voulait plus ou sur lesquels il ne comptait plus ! Et c'est l'une des mes grandes fiertés d'avoir relancé Raï et Bravo. Tu te souviens que Raï était fini, un échec total ? Plus personne en voulait. À tel point qu'un transfert au Japon était devenu d'actualité. Il avait été, en 1992 et 1993, deux fois champion du monde des clubs avec Sao Paulo, il était capitaine de la sélection du Brésil, mais à Paris, il s'était transformé, en une saison, en joueur japonais ! Et Daniel Bravo qui, dès qu'il entre en jeu au Parc, se fait siffler. Je le change de poste, et c'est une nouvelle vie qui s'offre à lui.

Mais je crois que l'amnésie la plus forte concerne le cas George Weah. Les gens ont certainement oublié qu'avec Artur Jorge, il ne voulait plus jouer. À Arsenal, quelques mois plus tôt, en demi-finale de la Coupe des Coupes, il ne joue pas. La rupture est consommée et le PSG se prive, en le laissant dehors, d'un espoir de victoire à Highbury. Avec moi, il fait une saison 94/95 énorme. On gagne deux Coupes et on joue une demi-finale de Ligue des Champions. Ses performances lors des matchs de poule sont de niveau mondial. Son entrée à Munich et le but qu'il marque, c'est dans l'histoire du club, ça ! Il a fait une saison magnifique, ponctuée quelques mois plus tard par le Ballon d'Or 1995 reçu alors qu'il vient de jouer quatre mois à Milan ! Ah ! il était mauvais Weah, il méritait vraiment d'être sur le banc ! Va demander à George ce qu'il pense de moi ! Tu vas voir ! Il sait ce qu'on a fait ensemble.

La deuxième année, de la même façon, le recrutement est faible. On prend Dely Valdès, pas vraiment une star, mais bon il marque pas mal de buts …

Par rapport à la période de sa vie « entraîneur du PSG », Luis a toujours eu une grande soif de reconnaissance. Comme si ses qualités n'avaient pas été reconnues à leur juste valeur. Il est toujours dans la revendication sur ce sujet, comme pour prouver, expliquer qu'il n'a pas failli à sa mission. Luis confiait, en décembre 2000, vouloir s'installer pour toujours au PSG, devenir une sorte de Guy Roux du club. Luis et Paris, c'est tout simplement comme une œuvre inachevée.

Oui, enfin un Guy Roux, pas trop. Un Alex Ferguson, je préfère et de loin. Une question de standing. Et par rapport à l'œuvre inachevée… Oui, c'est ça. Je ne peux pas voir les choses autrement. J'aurais voulu faire tellement plus pour le club. Mais à chaque fois, je me suis retrouvé avec des gens qui n'allaient pas dans le même sens que moi. Je devais rendre des comptes à des personnes incompétentes. Tout cela m'affectait. Je ne suis pas un tueur, un découpeur de tête. Je ne sais pas entretenir des rapports conflictuels. Ce n'est pas dans ma nature.

Revenons à la deuxième année et à ce recrutement dont tu parlais. T'as la mémoire qui flanche, Luis ? Cette année-là, tu recrutes quand même Youri Djorkaeff, Patrice Loko, Bruno N'Gotty...

Mais on perd Valdo, Ricardo, Kombouaré, et puis c'est l'époque où le PSG doit être au sommet ! On est dans une période où Paris doit viser la victoire en Ligue des Champions. C'est l'année où on nous propose Zidane, Dugarry et même Karembeu. Roberto Carlos aussi, mais Moutier ne le juge pas assez bon. Finalement, Michel Denisot a préféré construire son club avec ses amis : Paul Le Guen, Vincent Guérin, Alain Roche...

Cette saison-là, 1995/96, tu disposes quand même d'une super équipe. Au niveau européen, le parcours est parfait jusqu'à la finale de Bruxelles. C'est en championnat que le club se plante.

On compte jusqu'à 10 points d'avance sur Auxerre à la trêve. Et ça casse ! En interne, il y a des dissensions. Un type comme Joël Bats fait alors beaucoup de mal au club. Il monte le clan des Le Guen, Guérin, Roche contre Djorkaeff/Bravo... Je schématise, mais en gros c'est ça.

Les premiers règlent très vite le problème de leur prolongation de contrat. Ce sont les petits protégés de Denisot. Mais pour les autres joueurs, ça traîne. D'ailleurs, ils vont quitter le club à la fin de la saison. Ce titre manqué, c'est encore aujourd'hui un traumatisme.

L'impression qui domine est tout de même celle d'un énorme gâchis. L'équipe tournait à merveille. En décembre, face à Nantes dans un match au sommet, le PSG offre à ses supporters ce qui reste l'un des plus beaux matchs en terme de jeu. Un succès éclatant 5/0 ponctué par ce commentaire de l'entraîneur nantais Jean-Claude Suaudeau : « Le PSG sera champion, c'est inévitable ! » Reste que certains joueurs se plaignent d'une situation contractuelle mal réglée. Luis est également dans ce cas et va, de façon impulsive, décider de quitter le PSG en cours de saison. Après, pourtant, l'une des plus belles années de l'histoire du club...

Oui, c'est une connerie. Je ne le cache pas. Une mauvaise décision.

En décembre 95, je suis convoqué au siège de Canal +. Il y a là Pierre Lescure et Michel Denisot, respectivement président et président délégué du club. Je suis avec mon agent et ami Charley

Marouani. À ce moment-là, j'ai encore six mois de contrat. Je suis convaincu qu'on va me proposer une prolongation. Tout se passe bien, on se balade en tête du championnat. Mais ce rendez-vous ne se passe pas comme je le souhaite. Je suis face à Lescure. Denisot est dans un coin, comme éloigné des débats. C'est quand même le président délégué, le type avec qui l'on vit au quotidien, non ? Pourquoi il se positionne de cette façon ? C'est un peu comme s'il voulait ne pas s'impliquer. Je ne sais pas pourquoi mais je sens que la discussion va prendre une mauvaise tournure. Ils veulent continuer avec moi mais laissent entendre que je dois gagner le titre ou la Coupe d'Europe. En gros, c'est comme s'il y avait une condition à la prolongation de mon contrat. Je suis sorti du bureau et j'ai dit à Charley : « Tu vois ça pour moi c'est un ultimatum, du chantage. Ils ne me font pas confiance... » J'ai été blessé, meutri par cette entretien. La suite, c'est lors de la demi-finale de la Coupe des Coupes contre le Deportivo La Corogne. Au match aller en Galice, je n'aligne pas Djorkaeff d'entrée. Et là, Denisot me demande : « Pourquoi Youri ne débute pas ? » La question me fait chier. Ça m'emmerde qu'il foute son nez dans l'équipe, tu comprends ? Ce n'est pas le rôle d'un président. Il doit me faire confiance, non ? Et je réponds : « Il ne joue pas parce qu'il revient de blessure et que je pense qu'en fin de rencontre il pourra être utile »... Et c'est exactement ce qui se passe. Je le fais entrer et il marque, on gagne 1/0, la finale est dans la poche. Au match retour, comme prévu, on se qualifie pour la finale. Je passe un coup de fil à Charley pour qu'il prenne rendez-vous avec Denisot. Charley savait que j'allais annoncer mon départ. Je le lui avais confié le matin du match...

Sur le coup, Michel Denisot est surpris. « Tu peux pas nous faire ça »... et patati patata...Il part voir ma femme qui était au stade et cherche à la convaincre de me faire changer d'avis. Il m'invite à dîner dans la foulée, pour discuter. On décide d'aller à la *Maison du Caviar*. On y va séparément, chacun avec sa voiture. Sur le chemin, Denisot a dû avoir Lescure au téléphone. Il était aux USA. Lescure a dû lui dire, laisse-le partir, s'il le veut. Ne le retiens pas...

C'est quand même une décision absurde. Des deux côtés, il y a une erreur historique ! Le PSG est au sommet ! Le Parc a vu des matchs fantastiques, et la Coupe d'Europe est au bout.

Je sais que c'est une erreur. Je me casse parce que je marche à l'affectif. J'ai soif de reconnaissance et je sens qu'il n'y en a pas. C'est exagéré, j'en conviens. Je suis trop instinctif, trop impulsif, ma femme me le dit tout le temps. Mais c'est pas grave, c'est mon caractère, je suis comme ça. Moi, je voulais rester ici toute ma vie, c'est mon club, ma vie, mes couleurs. Quand je vais au Parc, je vibre. Je sens ces supporters, j'ai l'impression de ressentir ce qu'ils sentent.

Arrêtons-nous sur cette finale de la Coupe des Coupes 1996. La deuxième Coupe d'Europe seulement pour le football français. La première remportée par un coach français... Dans la préparation, ton groupe reçoit le soutien de Yannick Noah. Comment ça s'est passé ?

On m a demandé si je ne voyais pas d'inconvénient à sa présence. C'était un renfort psychologique. On en a discuté et j'ai répondu qu'il n'y avait aucun problème, sous réserve évidemment que les domaines technique et tactique restent de mon ressort. L'aide psychologique, pourquoi pas? Il est donc venu avec nous au Pays basque où on avait décidé d'aller préparer ce grand rendez-vous. Un soir, il a emmené le groupe dîner au restaurant et faire la fête. Cela s'est très bien passé, le groupe est revenu détendu. Derrière, j'ai repris le groupe et on a gagné.

Mais as-tu été blessé de devoir accepter sa présence ?

Non, je te le répète. Et puis on m'a demandé quand même. On ne m'a pas obligé. Sa présence ne m'a pas été imposée. En revanche, ce qui m'a gêné c'est qu'on ait pu dire que, sans lui, on ne gagnait pas la Coupe d'Europe. Ça, c'est blessant et surtout faux ! Ce n'est pas un dîner ni une fête qui ont tout changé. Que ça fasse du bien aux joueurs, pourquoi pas, mais le terrain, la préparation, le cheminement jusqu'à la finale, c'est pas lui ! On avait quand même réalisé de belles choses sans lui, non ? Ce qui m'agace, c'est que, comme il avait et a toujours une bonne image auprès des médias et que la mienne est moins bonne, lui passe pour le champion tandis qu'on dévalue mon rôle. Les médias se sont régalés de ça. On a insinué pas mal de choses à ce sujet, et c'est assez inadmissible. Quiconque a eu une expérience du haut niveau, et lui l'a eue, sait que tout ne se fait pas comme ça en deux jours. Cette finale arrive au terme d'une saison, après un parcours sans faute dans la compétition. L'autre chose qui me gêne, c'est qu'il a eu tendance à s'approprier ce succès. Cela a alimenté sa légende de sorcier du sport. Il aurait pu être plus discret, notamment après la finale. Il ne s'est pas forcément bien comporté mais comme c'est Noah, on ne dit rien. Il fait partie des intouchables pour les médias français. C'est l'une des personnalités préférées des Français, mais moi je m'en fous de tout ça. Et puis, maintenant, il est dans la musique, non ? Il dit toujours qu'il quitte le sport mais il y revient sans cesse. Il a aidé Mauresmo mais, corrige-moi si je me trompe, ça n'a pas très bien marché, non ? Et puis là, il bosse de temps en temps avec Gasquet, on verra ce que ça va donner. Mais je préférerais qu'il bosse à plein temps avec les sportifs, s'il le veut. Arriver comme ça, distiller deux trois conseils en marge du travail qu'effectue le joueur au quotidien avec son coach, juste parce que c'est Noah, ça me gêne un peu. La saison dernière, on parlait de lui pour venir au chevet du PSG… tout cela me laisse perplexe.

En tout cas, ce que je peux t'assurer c'est que, lors des succès que j'ai eus avant et après cette finale, il n'était pas là. Cela a été dur, mais j'ai réussi à bosser sans lui… *(L'ironie du propos masque difficilement l'agacement.)*

Reste toutefois ce choix, celui de quitter le PSG, après deux années de succès. Et je persiste à dire que c'est une erreur historique. Ton impulsivité devient quand même un gros défaut parfois. Tu as beau dire que tu ne regrettes rien, que ta vie ne s'est après tout pas écroulée, reste le sentiment qu'avec un peu plus de réflexion, certains choix auraient pu être différents.

Oui mais ça … Comment veux-tu répondre à ce genre de chose ? Toutes les vies peuvent être différentes en fonction des choix, bons ou mauvais que tu fais. Ma vie, elle est quand même faite de plein de choses différentes et au final positives. Donc, effectivement, c'est en ce sens que je ne regrette rien.

J'ai eu une vie semée d'embuches, avec pas mal de galères, mais avec beaucoup, beaucoup plus de satisfactions. Et cette vie, elle est droite. Je me bats, me démène, travaille et avance pour m'extraire d'une certaine condition qui, au départ, est socialement forcément handicapante.

Malgré une vie selon moi marquée par le volontarisme, le travail, éléments que tu revendiques d'ailleurs souvent, tu restes pourtant très attaché à une vision fataliste des choses. Comme si tu avais une route tracée. Le destin, les hasards, les coïncidences, ce sont des mots que tu utilises régulièrement…

Je crois beaucoup, trop peut-être, au destin. Il faut dire que les événements marquants de ma vie ne m'aident pas à m'éloigner d'une certaine forme de déterminisme. Mes débuts par exemple: premiers essais à Nancy. Cela ne marche pas. Et pas à cause de mon niveau, non! Le président Claude Cuny vient me voir et me dit: «Je veux te garder, mais je ne peux pas.» À ce moment-là je suis espagnol, pas encore naturalisé. Les clubs ne peuvent pas avoir plus de deux étrangers par équipe. Alors je quitte Nancy. J'arrive au PSG, époque Dahleb et compagnie… J'intègre le centre de formation et je joue mon premier match en professionnel contre Nancy. Je rentre en fin de match, j'obtiens un penalty et on gagne grâce à ça! Derrière, le président de Nancy pose une réclamation parce qu'il y a un étranger de trop à Paris. Mais ma licence amateur me sauve. Et voilà, ça c'est le début ma carrière! C'est le destin ça, non? Et des histoires comme celle-là, j'en ai d'autres.

L'instinct, la force du destin comme ligne directrice… alliés à des relations humaines basées sur l'affect. Cela te définit plutôt bien, non?

Oui, tu vas dire comme beaucoup que je m'accroche trop à ce genre de choses. Que mes valeurs sont trop simplistes… Parfois c'est vrai, ça me joue des tours. Oui, j'ai commis des erreurs. Je ne dois pas quitter le PSG en 1996, jamais! Mais tu sais, je ne dois pas partir non plus en 1986. Je pars au Matra. Je quitte le PSG et Borelli pour des raisons similaires. Cela fait trois ans que je demande à Borelli d'arrêter de me sous-payer. Il le sait, me dit que ça ne va pas durer. Le temps passe et rien ne bouge. On a une relation quasi filiale. Au bout d'un moment, il ne peut plus me traiter comme un petit garçon. On s'aime, mais je suis international français, champion d'Europe, l'un des meilleurs joueurs du championnat, et il me sous-paye. C'est comme s'il trahissait notre relation.

Je suis, par ailleurs, dans une période importante de ma vie. Je me marie, je veux gagner plus. C'est là que je rencontre Jean-Luc Lagardère. Il me parle, me séduit et je pars. Mais, finalement, je peux encore ici te parler de destin. Je quitte Borelli pour une autre personne qui a beaucoup compté dans ma vie. Mon instinct me pousse vers une décision qui semble être a priori une erreur, et je rencontre Jean-Luc Lagardère, comme je te disais, une personne très importante dans ma vie.

La Coupe du monde en 1986 est marquée par le match France/Brésil, à Guadalajara au Mexique, l'un des moments les plus forts de ma vie. Et je suis venu au foot en regardant la Coupe du monde 1970 au Mexique. Je rêvais devant cette même équipe du Brésil.

Et puis, je débute ma carrière professionnelle au PSG avec Borelli, je raccroche et commence une carrière d'entraîneur à Cannes. Un club dont le président est Francis Borelli !

Certes, le destin ne va pas s'occuper de tout. J'ai toujours bossé comme un dingue pour y arriver. Plus que les autres d'ailleurs, parce que j'avais moins de facilités. Mais franchir les obstacles me rendait plus fort. L'idée du travail qui paie m'a toujours fait avancer. Tout s'enchaînait bien. Le centre de formation, le PSG, l'équipe de France. À chaque fois, les étapes étaient respectées. Et à chacune de ces étapes, je rencontrais des hommes importants. Comme des guides avec lesquels se nouait une vraie relation de confiance. Max Bersoult pour commencer, Pierre Alonzo au centre de formation du PSG, Francis Borelli, Michel Hidalgo en équipe de France... Chez toutes ces personnes qui ont beaucoup compté, il y avait comme un petit bout de père. Il y avait une relation affective forte.

On parlait de travail, aujourd'hui tu n'exerces plus ton « vrai » métier, à savoir entraîneur.

Aujourd'hui, je m'imagine peut-être plus comme un manager, un directeur sportif. Je pense que l'une de mes forces, c'est de voir les bons joueurs. Recruter, c'est quelque chose qui me plaît. Travailler avec un entraîneur ne me poserait aucun problème. Je pourrais laisser le terrain à un autre. La fonction de directeur sportif correspond finalement bien à ma personnalité. J'ai toujours eu l'ambition de rassembler les gens autour d'une idée, d'un projet. J'aimerais humaniser un environnement qui l'est de moins en moins.

C'est pas compliqué, il suffit de deux ou trois idées simples, par exemple pourquoi ne plus faire les fameux dîners d'après match ? C'est important de partager un repas après un match. Voilà une chose qui semble tombée en désuétude. Comme si c'était devenu ringard. C'est comme ça que tu formes un groupe, non ? Le match se termine, et chacun se barre de son côté, sans se parler. C'est quand même bizarre : on joue ensemble, on peut quand même tenter un minimum d'être amis. Après, si ça ne marche pas, tant pis ! J'adore le phénomène de bande, des potes qui vivent ensemble. Sans aller jusqu'au dîner tous autour d'une table, parfois un peu pesant, on peut organiser un grand buffet dans une salle du stade. Les joueurs se retrouveraient avec leurs amis, leur entourage. Si le gars se sent mieux avec ses potes, eh bien qu'il fasse venir ses potes ! Je pense qu'il faut créer des liens personnels.

Tu sais, entraîneur, c'est venu à Cannes et de façon inattendue. Je ne sais pas si j'étais prêt à cela. C'est Borelli qui m'a lancé en plein milieu de la saison. C'était un saut dans l'inconnu, mais lui y croyait. Le club était alors en deuxième division. On n'était pas terribles, on vivotait à la 12e place du classement. Finalement, on est montés en D1 ! L'année d'après, on est 5e et on joue l'UEFA. Je me suis dit que ce n'était pas mal pour un entraîneur débutant. Ensuite, j'ai passé les examens, le DPEF à Clairefontaine. J'ai été meilleur de ma promo dans les épreuves pratiques, à égalité avec Jean Tigana.

Qu'est-ce qui te plaît autant dans cette fonction de directeur sportif ?

Recruter des joueurs, aller voir des jeunes, les repérer, les lancer, ça me plaît. Je pense avoir un bon œil pour ça. À Cannes, j'ai vu débuter des jeunes comme Vieira ou Micoud. Deux joueurs avec lesquels j'ai gardé de très bons rapports du reste. Quand je croise Patrick, je sens qu'il y a un lien, une affinité entre nous du fait de ce passé commun. Ce n'est pas le genre de type qui oublie.

Est-ce que tu souffres de ce sentiment général qui est de penser qu'après ton départ du PSG en 2003, il n'y a plus rien ?

Après le PSG, c'est vrai que c'est assez difficile de rebondir. On est marqué par ce club et la pression qu'il y a autour. Beaucoup d'entraîneurs ont d'ailleurs souffert de ça. Alain Giresse, Artur

Jorge, Philippe Bergeroo, Vahid Halilhodzic, Guy Lacombe, tous ont connu un passage à vide. Et peu ont donné l'impression de progresser derrière. Mais les deux fois où je suis parti, j'ai quand même fait ensuite des choses intéressantes. La première fois d'abord à Bilbao. Une expérience humaine et professionnelle unique. Depuis mon passage, le club n'a jamais fait mieux. On est allés en Ligue des Champions. Et après mon deuxième départ, puisque c'est ta question, il y a quand même eu l'Espanyol Barcelone. Là encore, c'est peut-être moins clinquant mais l'expérience est réussie. On m'appelle pour sauver le club, et je le fais. Ensuite c'est vrai que « l'exotisme » de mes destinations ne plaide pas en ma faveur. Le Qatar, Israël, j'en conviens, c'est peu reluisant.

Ces expériences, associées à ta nouvelle carrière d'homme de médias, ont pu donner l'impression à certains – à tes détracteurs notamment – que tu n'étais plus un entraîneur de haut niveau. Récemment un confrère du journal *L'Équipe* me faisait part de ses doutes à te revoir entraîner une bonne équipe…

Et les gars de *L'Équipe* ont toujours raison, c'est ça ? C'est la voix du sport en France. C'est le journal qui dit quoi et comment penser le foot ! On en reparlera, mais l'un des grands problèmes du football français vient aussi de ce monopole dans la presse sportive.

Ce sentiment dont tu me parles, c'est quoi au juste ? C'est lié à ma dernière année au PSG. Mes relations avec Ronaldinho. C'est ça et uniquement ça. Tout vient de là. C'est un boulet que je traîne, qui m'a fait du mal. Mais le temps est en train de rendre ce boulet plus léger. La vérité apparaît. Pour ceux qui n'ont rien compris, je suis donc l'entraîneur qui n'a pas fait jouer Ronnie. Le coach qui s'est privé du meilleur joueur du monde. L'abruti qui préfère perdre plutôt que de faire jouer sa perle brésilienne. Voilà toute l'histoire, non ?

Quand il revient au PSG en décembre 2000, Luis prend la place de Philippe Bergeroo. L'ancien entraîneur des gardiens dirige l'équipe depuis presque deux ans. La saison d'avant, le PSG s'est classé 2e avec lui. Cette année-là, après un excellent départ, Bergeroo doit faire face à la fronde des jeunes joueurs parisiens, le fameux « Paris banlieue ». Une politique marketing visant le recrutement de jeunes joueurs « style banlieue » pour encadrer la star Nicolas Anelka. Séduire la banlieue, élargir la base des supporters, voilà le but. Face à la « bande à Nico », Bergeroo ne résiste pas. Le 2 décembre 2000, l'équipe lâche l'entraîneur et se saborde à Sedan. La défaite 5/1 a raison de Bergeroo. Luis est rappelé à la tête du club. Lui va savoir parler aux jeunes. Comme à l'époque du « sourire », Luis est recruté pour son image, élément essentiel de la culture Canal. Très vite pourtant, Luis va lui aussi buter sur le caractère exécrable de certains jeunes joueurs, Luccin et Dalmat en tête. Profitant du Mercato d'hiver, il recrute des joueurs en Espagne : Pochetino, Cristobal, Arteta, Heinze... Cette première moitié de saison s'achève de façon moyenne, mais le crédit de Luis n'est pas entamé. Reste toutefois une défaite rocambolesque 4/3 à la Corogne en Ligue des Champions. Sur un match, il passe d'entraîneur faiseur de miracle à entraîneur emprunté voire « looser ». La deuxième année est celle de l'arrivée de Ronaldinho. Avec son jeune génie, le PSG termine à la 4e place, ne manquant la qualification pour la Ligue des Champions que lors de la dernière journée du championnat. La saison suivante, 2002/03, sa dernière au club, sera celle qu'il traîne encore aujourd'hui comme un boulet. Les désaccords entre Luis, la direction (Laurent Perpère, Canal +) et la star Ronaldinho deviennent un feuilleton médiatique. Des médias qui, très majoritairement, se rangent du côté du joueur soutenu par la direction et son sponsor principal, Nike. Face à cette « machine », Luis se débat et souvent mal. Sa communication est défaillante ou en tout cas pas en mesure de rivaliser avec celle de ses ennemis. Autour du joueur, c'est tout le foot-business qui semble faire front face à Luis. Peu importe les caprices de la « diva », peu importe qu'il choisisse ses matchs, Luis doit le faire jouer sous peine de diminuer sa valeur marchande. Laurent Perpère est un président explicite quand il déclare en décembre 2002 : « Économiquement, Ronaldinho est plus important au PSG que Luis Fernandez... »

Finalement, Luis garde l'image de l'entraîneur qui s'est brouillé avec le meilleur joueur du monde d'alors. Traiter Ronaldinho comme tout autre joueur sans accepter ses « caprices », éventuellement le sanctionner, le faire jouer ou non, toutes ces questions sont tranchées d'avance en faveur du joueur.

L'une des preuves que le deuxième passage de Luis à la tête du PSG a été négatif pour beaucoup, est le litige qui oppose Luis à Alain Cayzac, le président du PSG, au début de l'année 2008. Paris est en pleine tourmente, les résultats sont catastrophiques. Par le biais du bi-hebdomadaire France Football, *Cayzac accepte que d'anciens grands joueurs du PSG lui posent chacun une question. L'échange est le suivant : « La gestion d'un club comme le PSG est-elle à ce point usante qu'elle vous fasse perdre votre lucidité ? Quand allez-vous ouvrir les yeux ? » La réponse d'Alain Cayzac est cinglante : « J'ai manqué de lucidité une fois, c'est quand je t'ai fait venir au club une deuxième fois. Parce que c'est moi qui avais conseillé à l'époque à Pierre Lescure et Laurent Perpère de te reprendre... » L'échange se poursuivra en direct sur l'antenne de RMC.*

Pourtant le bilan de Luis entraîneur est de très loin supérieur à celui des coaches de la présidence Cayzac, Guy Lacombe et Paul Le Guen. Reste cette tache : Ronaldinho !

Quand il est arrivé au PSG, Ronaldinho était un enfant. Il ne savait rien. Il ne savait pas comment se nourrir, s'entraîner, bouger sur un terrain, communiquer avec les gens. On lui a donc fait une préparation complètement à part. Sa technique individuelle était de très haut niveau, mais là on ne lui demandait pas de jouer tout seul comme dans une publicité. On lui donc appris à jouer avec les autres, on a fait un gros travail tactique. On a tout revu avec lui ! Mais quand il arrive, c'est déjà un produit. C'est un génie qu'il faut modeler, former au football européen pour qu'il devienne une star mondiale ailleurs qu'au PSG. Jamais il n'a été question qu'il reste longtemps au club. Ne racontons pas n'importe quoi. Il est pris en main par le club pour le côté sportif. Le reste, sa carrière, le volet économique du dossier, est géré par ses agents et par Nike. Il faut donc que d'un point de vue sportif rien n'aille de travers par rapport à ce qu'a prévu Nike dans son plan marketing. C'est quand même une donnée très importante. Quelque chose de nouveau pour un entraîneur. On ne devrait pas avoir ce genre de préoccupation. En gros, ça t'oblige à penser ton équipe par rapport à un joueur dont le cas est individualisé. C'est tout le contraire de ce qu'est ma vision du football.

Récemment pour un sujet dans l'émission « Télé Foot », on me dit : « Tu es donc l'homme qui a mis Ronnie sur le banc. » C'est fou, cette connerie. C'est dur à accepter et ça me fait mal. Aujourd'hui, on se rend compte que même à Barcelone il va sur le banc. On s'aperçoit que ses démons le rattrapent. Combien de fois ce joueur a-t-il franchi la limite ? À la Coupe du monde 2006, peux-tu me dire ce qui s'est passé ? Il n'était pas ridicule, franchement, avec son bandeau dans les cheveux ? Un ridicule accentué par ses prestations insipides sur le terrain. Et c'est en partie à cause de lui, de son individualisme exacerbé, que le Brésil a été éliminé trop tôt de la

Coupe du monde. Ce que je trouve révoltant, c'est qu'on connaît les problèmes qu'il a eus avec sa sélection, avec le Barça, mais qu'on ne fasse jamais le lien avec le PSG. À Barcelone, il a été bon un an et demi, puis a décliné. Les raisons, tout le monde les connaît: son manque d'implication à l'entraînement, son manque de travail. Il devait rester toute sa vie au Barça, c'est ce que le marketing nous avait vendu en tout cas. Mais sa saison 2007/08 très loin d'être bonne, ses relations avec le coach Riijkaard semblent annoncer un départ prochain. Et on ne sait même pas pour quel club. Certains sont logiquement refroidis. Là où il ira, il jouera certainement au début de façon géniale, mais après?

Johan Cruyff, dont les propos sont toujours d'une très grande justesse, disait récemment: « On peut être un génie au début, mais si on ne travaille pas... » Il parlait de Ronaldinho, bien sûr!

Voilà, tout cela aujourd'hui on le sait. Reste que peu de gens en France font le lien entre ça et ma dernière année à Paris. C'est curieux, non? Et à cause de ça, de ce qui relève quand même d'une grande malhonnêteté intellectuelle, le cas « Ronnie » est toujours à charge dans mon dossier.

Avec cette affaire, j'ai en tout cas pu mesurer qu'aujourd'hui un entraîneur a beaucoup moins de liberté qu'un joueur. L'entraîneur doit composer, un mot que j'exècre. Composer avec des intérêts, financier et/ou commerciaux. La situation du coach est de plus en difficile. Quelqu'un a récemment parlé de « République des joueurs », c'est parfait! C'est exactement ça! Je crois que c'est Roy Keane qui disait cela...

Ronnie, sa nonchalance à l'entraînement, ses sorties... C'était à des années lumière de ma conception des choses. Forcément, ça a été un problème. Quand on organise une mise au vert, qu'on élabore un règlement et que lui, durant cette « retraite », fait monter une fille à l'hôtel, je dois faire quoi? Admettons que je ferme les yeux. Les autres, ceux qui ont une vie plus rangée, viennent me voir et me disent: « Luis, ça nous emmerde ça, parce que si ça sort dans la presse, nos femmes, elles vont dire quoi? Que la mise au vert, c'est une partouze! » Alors je fais quoi, face à cela? Tout génie qu'il est, il est obligé de composer avec les règles du groupe. On ne peut pas faire autrement. Même si la majorité accepte un ou deux « passe-droits » parce qu'il va faire gagner l'équipe le lendemain, au bout d'un moment, ça casse. Et puis, pour enchaîner les résultats, tu as besoin de tout le monde. Le raisonnement consistant à penser que le génie peut être traité différemment ne tient pas sur le long terme. Ce n'est pas viable. D'autant que si après, sur le terrain, il n'est pas énorme à tous les coups, tu peux être sûr que ton vestiaire va vite exploser.

L'autre jour, j'entends Bixente Lizarazu dans une émission sur Canal + dire que Ronaldinho était moins bien en ce moment parce qu'il sortait en boîte. Bravo, quelle belle découverte !

Ronnie, à Barcelone, est tellement entouré de bons joueurs qu'il est obligé de bosser quand même un peu, sinon il peut perdre sa place. Et quand, sans lui, le Barça passe 4 buts à un adversaire, je t'assure que ça lui fait mal. Mais là-bas, l'équipe peut gagner sans lui.

On se focalise beaucoup sur votre dernière année ensemble. Mais au début, ça s'est plutôt bien passé ?

La première année, il est meilleur passeur du championnat et marque 9 buts. Il part alors à la Coupe du monde. Mais, avant qu'il ne parte, un jour je vois le sélectionneur brésilien Luis Felipe Scolari. Il faisait un tour d'Europe et discutait avec les entraîneurs qui avaient la charge de ses joueurs en club. On s'était donné rendez-vous à l'hôtel Méridien à Paris. Dans la discussion, il me dit : « Luis, ce que vous avez fait avec ce garçon est formidable. » Je ne l'ai quand même pas menacé pour qu'il me dise ça. C'est le sélectionneur des futurs champions du monde qui me félicite. Je ne l'ai donc pas transformé en chèvre, le Ronaldinho, hein ?

Ronaldinho part au Japon et revient champion du monde…

Et là, il change, c'est désormais un autre joueur, un autre homme. C'est comme si on avait récupéré une personne différente. La première année, reprends tes notes, il n'y a pas une seule histoire entre lui et moi. Mais là, tout est différent ! Il est donc champion du monde. Selon moi, on doit attendre de lui autre chose, non ? Beaucoup plus de choses. On lui a beaucoup donné pendant un an, c'est à lui de nous rendre maintenant. Je vois les choses comme ça. Selon moi, il nous est redevable.

Lors de cette saison, il est moins entouré ou, en tout cas, différemment. Sa mère, sa sœur sont moins présentes. Il est seul et commence à beaucoup sortir. C'est là qu'intervient l'épisode de la fille qu'il fait monter devant tous les autres joueurs lors d'une mise au vert. Petit à petit, le fossé se creuse. Le désaccord devient alors chronique entre le président Perpère et moi autour de la question Ronnie. Et qu'on ne me raconte pas de salade, Perpère et Canal savent manier la communication. Alors, ils vont me coller l'image du con qui ne fait pas jouer Ronnie. Comment veux-tu que le joueur réagisse ? Il est pris entre son entraîneur et son président, son actionnaire et son sponsor. Tous lui disent qu'en gros son coach est un con et qu'on va finir par le virer. Qu'il n'a pas à s'inquiéter puisque son calvaire sera bientôt fini. Qu'un grand club l'attend. Voilà une super façon de gérer un club, qu'est-ce tu en penses ? Ils sont beaux, Perpère et Canal, dans l'affaire, non ? Parce qu'à la limite Nike, je veux bien. Ils n'ont pas que des intérêts au PSG. Le but, c'est que le joueur aille dans un club Nike, le Barça ou Manchester. Mais Perpère et Canal, que font-ils ? Où a-t-on vu une telle façon de gérer un club ? Ils ont donc clairement œuvré contre les intérêts du club !

Et dans toute cette histoire, la raison finit pourtant par se retrouver dans le camp d'en face...

C'est même la conclusion de l'affaire ! En communication, ce fut impossible pour moi de rivaliser face aux gens de Canal +. D'autant que le journal *L'Équipe* était aussi du côté du joueur. Tout cela a quand même donné une image déplorable. Souviens-toi quand, à Nantes, je sors Ronnie et qu'il m'envoie chier... C'est bien pour le club ça, non ? Et les conséquences sur les résultats ? Le joueur si parfait, si fort, tu te souviens de certaines de ses prestations ? Quand il rate deux penalty, contre Nantes au Parc puis contre Bordeaux. Contre Nantes, c'est le fameux penalty avec Landreau qui se colle à un poteau et qui laisse son but vide. C'était bien ridicule ça, non ? Et quand il choisit ses matchs ? Contre l'OM, trois fois cette saison-là, il est énorme. Pourquoi il ne l'est pas tout le temps ? À cause de moi ? Allez, arrêtons de raconter n'importe quoi !

On se retrouve alors au milieu d'un vrai bordel. Les dirigeants qui ne voient en lui qu'un investissement et attendent le retour qui va avec. Nike qui doit vendre des maillots à Paris et ailleurs... Xavier Couture, alors DG de Canal +, est la seule personne qui m'ait soutenu à l'époque. Sans lui, je peux même te dire que j'aurais été viré tôt dans la saison. Lui savait qu'en coulisse tout n'était pas très clair à mon égard. Cependant, je ne retiens qu'une chose : après toutes ces histoires, j'ai revu Ronaldinho en Espagne. Il est venu vers moi, m'a embrassé et m'a donné son maillot du Barça. Je me fous alors de ce que pensent les gens, je sais ce que lui pense. On sait tous les deux que le PSG aurait dû faire plus lors de cette période. Aujourd'hui, la vérité est peu à peu rétablie. Est-ce que c'est une revanche pour moi ? Forcément un peu ! C'est quand même en grande partie à cause de ça que je ne bosse pas aujourd'hui. Mon image a souffert de l'idée que j'étais le coach qui ne voulait pas faire jouer le génie…

Tu parlais de communication tout à l'heure. Tu as souffert d'un déficit autour de cette affaire. Un déficit d'image aussi ?

À Paris, ces éléments sont très importants. L'image, correspondre à l'idée qu'on se fait de l'entraîneur, entrer dans la bonne case, c'est capital. Même si mon image s'est surtout détériorée pendant cette saison-là. Elle était plutôt positive avant. C'est un vœu pieux, mais il faudrait être jugé sur ses compétences de terrain et rien d'autre. J'ai du mal à comprendre quand on me juge par rapport à ma façon de parler, ma façon d'être, ça c'est inacceptable.

Penses-tu que les joueurs soient sensibles à cela ?

Je crois qu'en premier lieu, les joueurs ont surtout besoin d'une figure, d'un meneur pour avancer. L'entraîneur doit être respecté et ce qu'il a fait avant est très important pour les joueurs. De plus en plus, l'image qu'il a dans les médias est importante. Et puis, les médias auront toujours plus d'égards vis-à-vis d'un entraîneur « bon client ». Ils se sont tous réjouis quand Domenech a succédé à Santini à la tête de l'équipe de France. Les médias sont toujours de parti pris. Il se positionne en fonction soit de leurs affinités, soit de ce qui fait vendre. Je te donne un exemple. Dans l'affaire Mourinho/Abramovitch, pour les médias, Mourinho était plus important. Avram Grant n'est pas très « glamour ».

Lors de ma dernière saison au PSG, *L'Équipe* a clairement choisi son camp. Celui de Canal +, du président, de Nike. Et la position du seul journal de sport en France a fait autorité. Mais leurs infos, ils les sortaient d'où ? Du camp pour lequel ils avaient pris parti. Moi, je ne leur apportais rien. En plus, j'ai fait l'erreur à un moment de partir en guerre contre eux. Je sais, avec le recul, que c'était une bataille perdue d'avance. Je me suis fait complètement berner, rouler dans la farine à propos de l'affaire Ronaldinho. Face à Perpère, la direction communication du club, Nike, Ronnie et sa famille, je n'avais aucune chance de m'en sortir.

Je vais te raconter une anecdote. Jérôme Touboul, le journaliste en charge de suivre le PSG pour *L'Équipe*, s'est vite rangé du côté de Ronaldinho. En échange, il obtient des infos du joueur, de son entourage. Il décroche aussi des interviewes exclusives. À un moment, il va même devenir un intime du joueur et de son entourage.

Le 9 mars 2003, j'arrive au Bourget pour le départ à Marseille. On part jouer l'OM. Les jours précédents, j'avais dit à tout le monde de ne pas accorder d'interview. J'avais requis un silence général. Et ce matin-là, j'ouvre *L'Équipe* et, en page 2, je découvre une très longue interview de Ronaldinho, évidemment réalisée par Jérôme Touboul. Mais passons sur ce point. Le lendemain, toujours en bonne place dans le journal, il y a un article qui raconte dans le détail notre déplacement. Des détails tellement précis qu'ils n'ont pu être racontés que par une personne présente dans le groupe. Touboul relate même le voyage dans l'avion avec un dialogue entre l'hôtesse de l'air et le joueur Gaby Heinze. Et comme il n'était pas caché sous les sièges, c'est que quelqu'un lui a tout raconté. La vie du groupe, la vie du club était diffusée à l'extérieur et, à mon sens, ce n'est pas normal. Je ne critique pas le journaliste qui, lui fait son métier. On me disait alors : « Arrête, t'es parano ! » Mais il ne faut pas non plus me prendre pour un con ! Ajoute à cela, l'article du *Journal du Dimanche* en décembre 2002 ! Un peu avant le jour de l'an, je lis que l'entraîneur pour la saison suivante est déjà choisi. Le duo Vahid Halilhodzic/Francis Graille est annoncé. Cela semble fou de parler de ça si tôt dans la saison, non ? Évidemment, tout le monde va démentir. Quelques mois plus tard pourtant, c'est exactement ce qui va se passer. Je veux bien considérer que ces journalistes soient super forts, mais là, c'est gros. Ils sont très bien informés par des gens qui manipulent et font sortir les infos qu'ils souhaitent. Mais il paraît que je suis parano, alors…

Et je n'oublie pas non plus que le club a même voulu acheter une partie des supporters, en offrant des places.

C'est en décembre 2002, quand tu déclares que le peuple va choisir. Tu souhaites que le Parc décide de ton avenir...

C'est une affaire dont je ne suis pas fier. Mais j'étais tellement isolé, seul face à la direction et aux médias, que j'ai balancé ça comme ça. C'était avant un PSG/Lyon. C'est vrai que là, c'est devenu un peu la tribune Boulogne contre celle d'Auteuil. Je cherche à avoir « l'histoire » avec moi. En fait, c'était Auteuil/Canal + contre Boulogne et moi. Ce n'était pas très adroit. Mais ce moment fut difficile à vivre. Les supporters n'ont pas à être divisés.

Il ressort donc que j'ai échoué au PSG . Mais comment pouvais-je réussir ? Laurent Perpère connaissait le foot mieux que moi ? Il connaissait mieux l'économie peut-être... et encore. Même sur la vente de Ronaldinho, il s'est planté. C'était impossible pour moi, cuit d'avance, quoi qu'il se passe !

Et tu vas être remplacé par Vahid Halilhodzic...

Après moi est donc arrivé le fameux duo magique. J'entends alors dire que le PSG va revivre, retrouver tout son éclat. Graille et Vahid sont encensés. Je me souviens de tout ça. En gros, Luis part et on va passer de la nuit à la lumière. Mais combien de temps ça a duré ? Le temps a fait son œuvre là aussi, non ? La deuxième année du duo magique, tu t'en souviens ? Le camp des Loges devenu un camp retranché dirigé par le « sympathique » Gérard Salouze[1]. Ils se sont régalés, les journalistes non ? Et la fronde des supporters contre le « monsieur sécurité » Jean-Pierre Larrue. Après une bonne saison et un jeu tout de même très ennuyeux, le PSG a vécu une saison catastrophique...

---

1. Gérard Salouze a occupé pendant deux ans un poste difficile à cerner, sorte d'intendant, d'homme à tout faire du coach Halilhodzic. Sa mission consistait surtout à chasser les journalistes, interdisant l'accès du centre d'entraînement parisien à certains d'entre eux. Avec son allure de gardien de prison, il a fait régner une ambiance nauséabonde autour du PSG.

Au moment de tes démêlés avec Ronnie, on a aussi beaucoup dit que tu avais des soucis à gérer les stars. Et on s'est souvenu de tes problèmes antérieurs avec David Ginola...

Quand j'arrive au PSG en 1994, Paul Le Guen est capitaine. Je décide de changer cela et je donne le brassard à Ginola. C'est un geste fort. J'en avais évidemment parlé avant avec David. Je lui avais demandé s'il voulait assumer cette fonction. David Ginola, capitaine du PSG, ce n'est pas rien. Pour moi cela avait une grande signification. C'était la preuve du respect et de l'admiration que je lui portais. Mais s'il accepte ce brassard, il doit en assumer toutes les responsabilités. C'est pas juste un bout de tissu. Cela implique une exemplarité. Le début de notre différend, c'est son problème d'adducteur. À l'époque, David a pour agent Dominique Rocheteau, un gars que je connais quand même très bien. David doit alors se faire soigner dans un centre spécialisé. J'appprend néanmoins plus tard qu'il n'y est pas allé. Cela a été la première cassure entre nous. Un lien de confiance qu'il a brisé.

On parlait surtout à l'époque de ta difficulté à accepter ses activités hors foot. David Ginola a été l'un des premiers joueurs à faire de la pub, à jouer avec son image...

Mais ses activités annexes, même si je trouvais ça parfois hors de propos, je n'avais fondamentalement rien contre. Après, c'est vrai que le fossé s'est creusé quand je me suis « pourri » avec son agent d'image. Un jour, on se retrouve pour parler de ça dans le bureau de Denisot. Comme d'habitude, le président prend bien soin de se positionner au milieu, de ne pas soutenir son entraîneur ouvertement... une constante chez lui. Le gars qui est dans le bureau n'y connaît rien au foot, ne sait rien des exigences du haut niveau. Je me demande même s'il ne se fout pas complètement de ce qu'on peut bien faire. Il souhaite quelques passe-droits pour son joueur en vue de ces fameuses activités, pub et autres... Évidemment, tu le sais, ça je ne peux pas ! Comprendre le statut du joueur Ginola, c'est impossible. Ginola est un joueur comme un autre. Il est employé et payé par le club avant tout. C'est le PSG d'abord et le reste ensuite. Avoir à rappeler ça au mec en question me semblait déjà bien superflu. Je me suis engueulé avec lui et Denisot est resté là, il n'a rien dit ! Il n'a surtout pas voulu prendre position contre Ginola.

sDavid restera un joueur extraordinaire du club mais sa carrière fut courte, comparée à son talent. C'est une affaire de choix. Des choix que j'ai du mal à comprendre. Aujourd'hui, David n'est plus dans le foot, que fait-il ? Il aurait dû faire beaucoup plus de choses, non ? Après le PSG, on ne peut pas dire qu'il ait vraiment brillé. Un beau but par ci par là, une très bonne saison avec Tottenham, et voilà ! Je trouve que tout cela est bien le mimimum par rapport à son talent. Parfois, je pense qu'il a mal défini ses priorités.

Le cas Ginola me fait penser à mon ancien agent, Charley Marouani. Un gars avec qui je n'ai jamais eu de contrat. Il bossait sur la parole donnée. Pas de contrat non plus avez les artistes dont il s'occupait. Il a travaillé aux côtés de Montand, Brel, Barbara, Nougaro. Il disait, on avance ensemble et quand on ne voudra plus travailler ensemble, eh bien on arrêtera. Marouani donc m'avait dit un jour : « Quand l'artiste est en haut, qu'il enchaîne les contrats, les pubs... ça finit toujours par fatiguer les gens. Il faut occuper le devant de la scène mais sans donner l'impression d'un trop-plein. Il faut savoir susciter l'envie... Il ne faut pas enchaîner les pubs juste pour le plaisir de le faire. Il faut que ça colle à ta personne. Il faut être un intermittent de ces activités annexes et pas un permanent du domaine. » Dans ce que je viens de dire, il y a beaucoup de choses dont David aurait pu s'inspirer. Je crois qu'à un moment, il a saoulé les gens. Il était sifflé partout, sauf à Paris. Et on sait bien que ces pubs et autres activités hors foot jouaient un grand rôle dans ce sentiment de rejet.

J'ai plus apprécié George Weah. Et cela a peut-être joué dans mes rapports avec David. C'est vrai que je me suis d'abord attaché à relancer Weah et Raï. Avec Weah, il y avait un véritable échange. Avec David, beaucoup de choses ont tenu à ce mensonge « originel ». Je ne supporte pas ça. Je lui donne le brassard, pour moi c'était fort... et lui, il me trahit ! Trop souvent il avait la tête ailleurs, c'est indéniable ! Tout le monde le savait... Je marche peut être trop à l'affect, j'attends trop en retour, je ne sais pas. Mais dans le cas de David, comme dans celui de Ronnie, je vois des similitudes.

Dans le foot moderne, beaucoup de joueurs s'égarent de cette façon. Ils sont souvent mal conseillés et agissent dans une logique à court terme. L'agent veut se faire de l'argent très vite et donc empiler les possibilités financières.

Pour en revenir à ton rapport avec les joueurs, avec certains tu as eu des affinités particulières. Weah fait partie de ceux-là...
Et c'est selon moi le plus grand joueur de l'histoire du club.

Tu exagères un peu, non?
Non, pourquoi? Il fait partie assurément des meilleurs qui ont joué à Paris.

Sa fin de parcours est tout de même entachée d'un doute sur sa probité, on dit qu'il a «vendu» un match...
Et lequel?

Ne sois pas de mauvaise foi, tu le sais très bien, la demi-finale contre Milan...
J'en sais rien.

Mais si, tu sais! Tu te souviens des propos de Daniel Bravo à ce sujet?

En avril 1995, le PSG joue la demi-finale de la Ligue des Champions contre le Milan A.C. Au moment du match retour en Italie, il est beaucoup question du contrat déjà signé entre George Weah et Milan en vue de la saison suivante. Lors de cette rencontre, Weah n'est pas, loin s'en faut, à la hauteur de son talent. Certains évoquent un «arrangement» entre le club italien et son futur joueur. Daniel Bravo, milieu de terrain du PSG, a des mots assez durs à l'égard de Weah après la rencontre. Il met clairement en doute l'implication de son co-équipier lors de ce match pourtant capital.

Écoute, s'il l'a fait, ça le regarde. J'insiste, ça ne regarde que lui. Je me souviens d'être allé le voir après. Je lui avais dit: «George, je ne sais pas si t'as fais ça. J'espère que non et j'espère aussi que Milan va perdre la finale. Si tu vas jouer là-bas, tant mieux pour toi.» Milan a perdu la finale et Weah a effectivement signé à Milan. Quelques mois plus tard, il remportait le Ballon d'or pour ses matchs avec Paris et avec Milan. Un Ballon d'or symbole en quelque sorte, non? Quand je dis que ça le regarde, c'est que c'est, selon moi, un problème entre lui et sa conscience. Faire une telle chose, c'est terrible. Et moi je ne veux pas y croire. Je garde un souvenir extraordinaire de notre relation.

Je ne suis pas convaincu mais je sais que quand tu aimes les gens, tu les suis partout. Et même quand ils sont limite. Comme Jérôme Leroy…

Pourquoi, qu'est-ce qu'il a, Leroy ?

Bah oui, Jérôme Leroy, c'est ton petit protégé, non ?

Oui, je le protège parce que c'est un bon gars.

Il quitte le PSG pour l'OM, ce que tu refuses absolument. C'est le genre d'attitude que tu as toujours condamnée. Dans ses interviewes, il parle toujours du foot comme d'un sport individuel. Il est, en gros, en totale opposition avec toi…

Écoute, je t'assure que c'est un bon gars.

Restons sur cette période et ton rapport avec les joueurs. On parle beaucoup de ceux avec qui tu n'entretenais pas les meilleurs rapports, mais avec beaucoup tu as eu de belles histoires. Outre Weah, tu as relancé Bravo et surtout Raï…

Cette période 94/96 est une référence en matière de jeu. C'était fluide, on a fait des matchs magnifiques. On doit être champions cent fois et je nourris des regrets éternels par rapport à ce titre manqué. Les matchs de Coupe d'Europe qu'on a faits étaient souvent d'un très haut niveau.

À ce titre, la double confrontation face au Barça en quart de finale de la Ligue des Champions 95 est-elle ton meilleur souvenir ?

On a beaucoup dit ça parce que c'était aussi le match de l'élève contre le maître. J'admire profondément Johan Cruyff, alors le défier était un honneur. Et puis, c'était la grande équipe du Barça. À part Milan, il n'y avait rien de mieux à cette époque. Ce fut donc une très belle performance. On avait tout étudié, le jeu de Guardiola bien sûr, mais aussi les transmissions de Koeman. On a aussi beaucoup parlé du changement tactique que j'ai opéré en cours de partie. Quand Bakero a marqué, on a été obligés de changer et de passer à trois derrière. Le mot « coaching » n'était pas encore autant utilisé qu'aujourd'hui. On en fait souvent trop d'ailleurs à ce sujet. C'est juste savoir s'adapter au film du match. C'est le minimum et il y a des matchs où ça se voit plus… Raï et Guérin avaient marqué, on s'était qualifiés. C'est un grand souvenir.

Raï que tu avais donc totalement relancé...

Oui, et pourtant on n'a pas gardé de très bons rapports. C'est un homme de Denisot. On a eu des petits soucis à un moment. C'était après notre large victoire à Metz 3/0 en début de saison 94/95. Metz était en tête du championnat, mais grâce à ce beau succès on était passés devant eux. Un succès qui symboliquement était fort. Raï fait un match splendide, l'équipe tourne parfaitement bien. C'est le match où on se dit, ça y est Raï est vraiment le champion qu'on attendait. Le lendemain, il donne une interview. Il parle de son retour et remercie tout le monde. Mais je lis que son retour est dû à tout le monde, sauf à moi. C'est en tout cas ce que je comprends, et ça m'agace profondément.

Tu fais une paranoïa aigüe ? Tu exagères ! Pourquoi voir les choses de cette façon ?

J'exagère peut-être mais j'attendais plus de lui par rapport à moi. Peut-être aussi qu'il y avait au club des gens qui parlaient mieux que moi, qui séduisaient plus que moi, qui lui disaient des mots plus doux que les miens. Je pense notamment au président de l'époque, le fin politicien Denisot. Après cette interview, j'ai chopé Raï et on s'est expliqués. Je lui ai dit : « Dis-moi, quand je suis arrivé, on m'a dit que tu devais partir au Japon parce que tu étais nul. Les gens que tu remercies, à qui tu fais des courbettes, ce sont eux qui voulaient t'envoyer au Japon ! » La mise au point était nécessaire, non ? Qui l'a sorti de la merde si ce n'est moi et le préparateur physique Tiburce Darou ? Quand je suis arrivé au PSG, on m'a tout dit sur Raï, qu'il courait de travers, qu'il avait les pieds carrés, que c'était tout sauf un Brésilien. Mais moi, j'ai cru en lui. Et aujourd'hui je pense que Raï ne s'en souvient pas assez.

Comment vivait ce groupe ? Il y avait beaucoup de personnalités fortes...

Les tensions sont apparues surtout la deuxième saison. Le Guen et Guérin ont dû faire face à l'explosion de Daniel Bravo dans son nouveau rôle. Il prenait beaucoup d'importance dans le groupe. De remplaçant avec Artur Jorge, il était devenu titulaire au milieu et à un poste déjà occupé. Guérin a donc été décalé sur un côté et Le Guen a reculé. Mais le jeu allait plus vite avec Bravo à ce poste.

Jamais le PSG n'a joué aussi bien que dans ce schéma. On a gagné la Coupe d'Europe avec ces trois joueurs sur le terrain !

Joël Bats qui entraînait les gardiens m'a déçu, il soutenait des gars dans mon dos. Notamment Le Guen et Guérin contre Bravo.

Dans le groupe, certains ont plus vite négocié leur prolongation de contrat. Le Guen, Guérin, Roche... De l'autre côté, ça avançait moins vite pour Daniel Bravo, Youri Djorkaeff ou moi. D'ailleurs nous sommes partis. Les hommes de Denisot sont restés. Bats a repris l'équipe avec Ricardo, autre ami de Denisot. C'était tellement la « bande à Denisot » que quand, en 1998, Charles Biétry a pris la présidence du club à la place de son ennemi Denisot, il s'est empressé de virer tout le monde. Une erreur grave et le début des problèmes dont le club n'est jamais vraiment sorti. Comme quoi fonctionner en bande au lieu de penser au bien général du club n'est vraiment pas la bonne solution ...

Entraîner aujourd'hui te semble-t-il plus difficile qu'avant ? On va dire qu'il y dix, vingt ans...

D'un point de vue technico-tactique, rien ne change. De façon fort banale, je vais te dire que ça reste du foot. Les données sont souvent les mêmes. Après, les contextes peuvent te rendre la tâche plus ou moins compliquée. D'une façon générale, je dirais qu'il est plus simple de prendre une équipe quand elle vient de se ramasser que quand elle est en haut. Mais ce n'est pas une règle, loin de là. Regarde Alain Perrin à Lyon. Il a quand même plus de chance de se planter, non ? Tout le monde a réussi avant lui et il est dans l'obligation d'y arriver lui aussi. Il faut qu'il s'impose sans pour autant bousculer les habitudes. Qu'est-ce qu'il peut faire ? Changer la causerie du matin, l'heure du petit déjeuner... Tout est en place, le club sort de six titres, c'est dur de faire sa place. Et si tu changes des choses, tu as plutôt intérêt à réussir ton coup. Globalement, les joueurs n'aiment pas qu'on change leur habitudes.

Mais le contexte lyonnais reste favorable. Sans faire injure à personne, c'est un fauteuil plutôt tranquille. Les rôles sont tellement bien définis entre Aulas, Lacombe et le coach que chacun travaille dans de bonnes conditions. Certes, tu es obligé de gagner, le titre de champion semble être le minimum. Mais vu le niveau de la Ligue 1 en ce moment, tu as l'impression que n'importe qui peut être champion à la tête de cette équipe. Mais cette situation, c'est aussi et surtout la force du travail préalable du tandem Aulas/Lacombe. Ils ont fait en sorte que cela devienne simple comme ça. L'entraîneur arrive et n'a qu'à s'installer. Pour savoir qui est le meilleur, il faut compter le nombre de points qui séparent l'OL du deuxième.

À quelle date le club est champion, mars, avril ou mai.

Lyon est fort, dominateur. Le club a parfaitement bien travaillé et profite des carences des autres. Le manque de technique du championnat est terrible et ce n'est pas dû à l'OL. Eux, ils ont les joueurs capables de faire la différence dans le jeu.

Lyon mis à part, on a du mal à dénicher les talents, et tout n'est pas une question d'argent. Beaucoup de clubs qui jouent la Ligue des Champions ont moins de moyens que Lyon !

Pour revenir au métier à proprement parler, chaque entraîneur cultive deux ou trois principes, des idées directrices.

L'un de mes principes est que je donne à mes joueurs ce que j'aurais aimé qu'on me donne. Quand j'étais joueur, je me disais : « Tiens ce coach, j'aimerais bien qu'il fasse ça ou dise ça », et je me suis servi de toutes ces expériences. J'ai connu beaucoup d'entraîneurs, Peyroche, Hidalgo, Leduc, Houllier... Et comme te diraient tous les joueurs devenus entraîneurs, tu fais un mix de tout ça. Tu prends des choses de ci de là qui t'ont intéressé dans leur mode de fonctionnement.

Ensuite, à l'entraînement, je veux qu'il y ait la même intensité qu'en match. Je souhaite aussi que mes joueurs aient une mentalité similaire à la mienne, la haine de la défaite même à l'entraînement. J'exige une implication totale tout le temps.

Je suis conscient qu'il n'y a rien de révolutionnaire dans cette approche. La différence se fait dans ta façon de faire passer le message. Ton groupe doit te comprendre.

Restent les idées sur le jeu. Dans ce domaine, beaucoup d'entraîneurs te diront qu'ils préfèrent produire du jeu. Après, tu t'adaptes à l'effectif dont tu disposes. Mes références ont toujours été espagnoles pour l'engagement, la "*grinta*". Et pour le jeu, le Barça, la vitesse, le dribble, c'est une culture et c'est vraiment séduisant.

Tu regardes toujours beaucoup le foot espagnol mais tu sembles moins attiré par le foot italien. Pourtant ton « fameux » Barça de Cruyff avait pris une sacrée leçon de foot par le « grand » Milan, en finale de la Ligue des Champions 1994... Pepe Guardiola muselé, Romario et Stoïchkov privés de ballon, tu n'as pas oublié quand même ?

Et toi, tu oublies que le week-end précédent cette finale, le Barça avait remporté le titre et avait un peu trop fêté ça. Résultat, les joueurs étaient « cramés »...

Tes arguments sont de mauvaise foi... Le Barça de Cruyff pas prêt, c'est ça ? Il préfèrent fêter le titre plutôt que de préparer une finale européenne ? Je crois plutôt que l'une des explications est la suffisance de Cruyff. Tu te souviens que, quelques jours avant la finale, il avait déclaré vouloir donner une leçon de foot à tous les Italiens ? Résultat, il a prit un sévère 4/0 !

Bon, c'est vrai que le foot italien m'influence moins, j'y suis moins attentif. Pourtant j'admire beaucoup de joueurs de ce pays. Les Milanais Pirlo, Kaka, Gattuso sont extraordinaires.

Fermons cette parenthèse et revenons, si tu veux bien, à ce qui a changé dans le métier d'entraîneur...

Ce qui selon moi est devenu extrêmement difficile, c'est la gestion du « hors terrain ». Le monde du foot est devenu comme d'autres milieux, un monde faux. La communication, le marketing sont devenus prépondérants. C'est à ce niveau que je me sens en décalage. J'ai du mal à m'y retrouver. On « peopolise » sa vie privée parce que ça aide la carrière. C'est comme dans la politique, on bosse l'image avant de bosser l'essentiel.

Tu n'as pas l'impression que certains joueurs, qui se traînaient en Ligue 1, deviennent meilleurs quand ils vont à l'étranger ?

Si bien sûr. En France, certains vont faire des caprices, vont se plaindre de ne pas jouer, de ne pas être titulaires. Et puis à l'étranger, ils acceptent tout, la concurrence, le banc... Regarde le gardien de but Charles Itanje qui accepte d'être doublure à Liverpool. Un plus gros chèque à la fin du mois, ça pousse à être moins capricieux et à accepter les décisions d'un coach.

Mais le système français entretient ça et encourage les joueurs à se comporter de cette façon. Chez nous, quand un joueur n'est pas content, il pousse la porte du bureau du président et il va pleurer. Mais le coupable c'est aussi le président qui l'écoute attentivement ! C'est un des trucs qui me rend le plus fou aujourd'hui !

Mais est-ce que le président vient à l'entraînement ? Je ne sais même pas s'il voit tous les matchs. Et même s'il les voyait, sache que la plupart n'y comprennent rien ! Selon moi, le président qui écoute le joueur se plaindre est déjà en train de désavouer le travail de l'entraîneur.

Tu imagines un joueur pas titulaire avec Arsène Wenger qui irait se plaindre dans le bureau du président. C'est à peine s'il sait qui est le président !

En Angleterre, le président, n'a pas ce rôle. Il n'y a qu'un seul patron, c'est la personne en charge du sportif. Et cette personne travaille avec une équipe, des adjoints, des collaborateurs...

En France, tout est dilué. On ne sait plus qui fait quoi et qui prend les décisions. On ne sait plus qui a le pouvoir sur les joueurs. Quand Albert Emon se fait virer de l'OM après une défaite à Auxerre au début de la saison 2007/08, et qu'après cette défaite, tu apprends que certains joueurs – certains parmi les plus importants – ont demandé l'autorisation d'aller faire la fête à Paris... Que veux-tu faire quand tu entends ça ? Emon ne peut pas survivre à ça !

Mais que peut faire le pauvre Emon face à une telle situation ?

Assurément un tel incident rend son limogeage proche mais, quitte à partir, autant dire pourquoi. Ce que je fais, moi, face à une telle situation, c'est simple : les gars qui sont allés faire la fête, je les vire du groupe et je les balance aux supporters. Carrément ! Je vais voir les supporters et je leur dis « Voilà, ces mecs-là sont virés pour ce motif. »

C'est inadmissible. Les supporters font des centaines de kilomètres, certains n'ont même pas les moyens de le faire et les joueurs se comportent comme ça ! Selon moi, dans ce cas, on ne doit pas faire de sentiment, on doit les dégager. Mais aujourd'hui on tremble devant les joueurs. Ce sont eux qui ont le pouvoir. En France, c'est pire qu'ailleurs. À l'étranger la concurrence fait peur, alors ça déconne moins. Il peut y avoir évidemment des dérapages, on ne devient pas un saint en passant la frontière, mais il y a une telle concurrence dans les équipes que le coach n'hésite pas à faire le ménage. Et si le joueur se retrouve sur le banc ou sanctionné, eh bien tout le monde s'en fout.

En France, un type comme Djibrill Cissé à l'OM, il a souvent fait ce qu'il voulait. Au cours de cette saison, un nouveau coach, Éric Gerets est arrivé. Il a mis Cissé sur le banc, il a rétabli la discipline. Et c'est la concurrence de Niang qui, quelques semaines plus tard, l'a poussé à se remettre en question. Cissé est devenu meilleur depuis que Gerets dirige l'OM. L'entraîneur est soutenu par sa direction, le joueur respecte les décisions du coach et tout va mieux dans le club.

Reste que Cissé avait trouvé un club pour s'en aller au Mercato d'hiver, il serait peut-être parti ...

Oui peut-être, je ne sais pas. Toujours est-il que je le trouve nettement meilleur depuis la réorganisation du club.

Laisse-moi revenir à présent à tes joueurs qui brillent plus à l'étranger. Il faut quand même savoir qu'ils touchent souvent trois fois plus. Ça te pousse à te bouger le cul pour écarter la concurrence.

En Italie, quand tu bosses la tactique et qu'on te dit que ça dure trois heures, personne ne moufte. En France, tout de suite ça rechigne, c'est une culture, une mentalité. Et le club, l'institution n'est pas assez forte pour te pousser à la respecter. Même moi j'étais casse-couilles quand j'étais joueur, mais c'est le milieu qui m'autorisait à l'être.

Tu parles de l'entraîneur pas assez décisionnaire en France. Du joueur qui va se plaindre dans le bureau du président. Mais cela s'explique aussi par une question que tu ne peux pas faire semblant d'ignorer, c'est l'argent. Économiquement, le joueur est une valeur. Souvent même un produit...

Et la conséquence est souvent que les dirigeants ne prennent pas parti pour l'entraîneur. Le joueur sait qu'il est au club pour un court passage. Et pour le président, pour ceux qui y ont un intérêt financier, ce qui importe c'est que son prix ne soit pas trop dévalué.

Avec Ronaldinho, le seul truc impardonnable que j'ai fait au fond, c'est de lui avoir fait perdre de la valeur !

Le joueur est-il devenu à ce point difficile à gérer, individualiste, capricieux ?

Beaucoup sont comme ça, ou le sont devenus. Mais c'est le milieu qui a beaucoup évolué aussi. La course au contrat, à l'agent pour avoir l'argent. Aujourd'hui, j'ai noté que beaucoup de joueurs faisaient ce métier sans passion. Ou, en tout cas, ils sont vite blasés, sans idéaux.

On peut faire d'eux des stars en deux bons matchs. La conséquence c'est que, forts de ce nouveau statut, les joueurs ont pris le pouvoir. Combien de fois en une saison, tu entends qu'un joueur engage un bras de fer avec son club parce qu'il veut partir ? Et il gagne dans quoi... 95% des cas ! Le club se couche presque toujours ! Le dirigeant est souvent désarmé. Il a, en plus, peur que son investissement ne soit plus rentable, c'est une crainte majeure.

Beaucoup trop de joueurs aujourd'hui font moins d'efforts une fois arrivés dans le groupe pro, alors que c'est là qu'il faut travailler encore plus. Il m'est arrivé aussi de demander à certains jeunes que j'ai eus, s'ils avaient vu le match de la veille à la télé. La plupart du temps la réponse était : « Non, je ne l'ai pas vu. » J'ai du mal avec ça. Selon moi, c'est inconcevable. Cela fait partie du métier de connaître son milieu. Je ne vais évidemment pas jusqu'à penser qu'il faut regarder tous les matchs, mais il y a des choses que tu dois regarder. Certains ne regardent même pas une Coupe du monde.

Évidemment qu'il faut autre chose dans ta vie, tout ne doit pas tourner uniquement autour du foot, va au ciné, va au théâtre, sors... mais intéresse-toi à ton domaine d'activité, c'est ça aussi être pro !

Ne pas connaître l'histoire de ton sport, c'est tout aussi terrible. C'est pour moi un manque de culture. C'est comme un artiste dans n'importe quel domaine : il doit s'investir, il doit savoir, connaître ce qui a été fait avant et comment. Un peintre sait, a vu et a étudié l'art des époques antérieures à la sienne.

Récemment je lisais que le Marseillais Samir Nasri regardait beaucoup de matchs. J'aime les joueurs qui disent ça, qui sont vraiment passionnés. Quand j'étais jeune, je bouffais tout les matchs que je pouvais. J'avais des idoles, l'une d'elles était Johan Neeskens. Son maillot orange et ses cheveux longs ont bercé mon enfance. Je voulais être lui. C'était l'époque du grand Ajax Amsterdam,

Cruyff, Krol, Blankenburg, Hann. Leur milieu de terrain était énorme. C'était magnifique.

L'an dernier à Barcelone, dans le couloir du Camp Nou, j'ai croisé Neeskens. Ce n'était pas la première fois, mais à chaque fois c'est un grand moment pour moi, une vraie émotion. Je l'ai connu il y a pas mal de temps, on a joué ensemble aux Variétés Club de France.

Tu as commencé à l'évoquer, la notoriété acquise trop vite n'aide pas...

À dix-neuf ans ou vingt ans, t'es bon, on parle de toi, tu deviens médiatique. C'est là que ta carrière doit prendre la bonne tournure. Faire le bon choix, savoir ce que tu vas faire de ta carrière est primordial. C'est là aussi qu'il faut être bien entouré, bien réfléchir. Il faut analyser les situations. Alors c'est vrai qu'aujourd'hui cette réflexion est beaucoup plus difficile car les sollicitations sont plus nombreuses.

À mon époque, la jeune génération c'était Ferreri, Bravo... Regarde leurs carrières, elles sont belles et longues. Il y avait moins matière à s'éparpiller, moins de propositions venant de l'étranger. La tâche des jeunes joueurs est bien plus ardue, ce qui renforce la place et la nécessité de la réflexion.

L'environnement devient alors capital. Un type comme Anelka a été gangréné pendant des années par tout ce qui se passait autour de lui. Aujourd'hui ce n'est plus le même homme, il est beaucoup plus posé, plus réfléchi. Le talent, le potentiel, ça n'a jamais été un problème pour lui. Ses capacités crevaient les yeux. Mais avoir le bon conseil, le bon entourage, c'est aujourd'hui quasiment aussi important que le talent de footballeur. Ce qui pourrit le foot aujourd'hui, c'est l'environnement, les agents, les amis profiteurs, les conseillers obscurs. Combien de choix curieux aboutissent à un échec pour les joueurs. Jouer en Angleterre, à Reading, à Wigan, à part pour le blé, ça veut dire quoi ? Tu penses qu'il y a une vraie ambition sportive dans ce genre de choix ? Tu ne crois pas qu'une carrière dans un club avec lequel tu vas vivre une vraie histoire c'est mieux ?

En matière de gestion des joueurs, es-tu pour les sanctions financières ?

C'est une fausse bonne idée. C'est trop difficile à mettre en place. Comment mettre ça dans un contrat ? Tu as envie d'un joueur, tu discutes de sa venue, du salaire et dans la discussion, alors que d'autres clubs sont prêts à le prendre, tu lui dis : « Si dans quatre mois, tu vas en boîte et que le match d'après tu es nul, tu auras tant de salaire en moins ! » C'est impossible parce que le joueur ne signera évidemment pas !

Reste la possibilité d'un code de bonne conduite. Au Real Madrid cette année, le président Calderon en a mis un en place. Il y a différents points à respecter, avec des dispositions en cas d'atteinte à l'image du club. Mais au Real, tu peux l'envisager car le joueur, quoi qu'il en soit, est prêt à signer !

Grands clubs, entraîneurs de renom, c'est un peu la combinaison pour ne pas avoir de problèmes de gestion de joueurs ...

La « république des joueurs » rend la position de l'entraîneur de plus en plus fragile. Aujourd'hui on n'a pas plus de dix entraîneurs qui travaillent sans qu'on les fasse chier. Ce sont en plus des coaches trop durs à virer parce qu'ils coûtent trop cher. Fabio Capello, Arsène Wenger, Marcello Lippi, Alex Ferguson, José Mourinho, Ottmar Hitzfeld, Sven-Goran Erikson, Franck Rijkaard... si tu les touches, ça peut coûter très cher au club.

Mais au-delà de ces considérations, ce sont aussi et surtout des entraîneurs difficiles à toucher parce qu'ils ont une énorme légitimité. Les joueurs sont plus réceptifs, plus respectueux face à eux.

Moi, je me suis souvent battu pour être libre, avoir la liberté de gérer le groupe comme je le voulais. Mais ça devient de plus en plus difficile aujourd'hui ! Quand j'ai pu bosser librement, à Cannes, je me suis régalé. J'ai adoré cet expérience. C'était une belle aventure humaine. Tu peux demander à n'importe quel acteur du monde du foot, ce genre d'histoire, ça marque. Ça reste toujours les meilleurs souvenirs d'une carrière : la bande de potes qui progressent ensemble.

Tu parles souvent du manque de culture foot en France ...

J'entends par là les habitudes, la coutume, l'histoire. Le club qui est une institution, que le joueur respecte. Un passé commun qui réunit les gens. Et je ne suis pas sûr que cela puisse s'arranger. Les années passent et on se dit que ce n'est pas en France que les gars vont s'épanouir. C'est une idée désormais acceptée, digérée, alors on forme, ou on pré-forme, on laisse partir, et on ne construit plus rien. On se dit, c'est fini, on ne gagnera plus de Coupe d'Europe, de toute façon il n'y en a que deux dans le football français. La Belgique, le Portugal, des petits pays en ont plus ! Tout ça, c'est enregistré, j'ai l'impression qu'on ne combat plus l'idée.

À part Lyon, plus aucun club n'est assez attractif pour dire à un joueur que c'est là qu'il va grandir et progresser, gagner des trophées.

La France est devenue une salle d'attente. Le joueur, surtout s'il est bon, est en stand-by avant d'embarquer vers une nouvelle destination. Comme si le profesionnalisme, le vrai, les joueurs allaient le découvrir plus tard. À l'étranger, le joueur français se transforme, il devient respectueux du coach qu'il appelle « Mister » en Espagne ou en Italie.

La France n'est pas un vrai pays de foot. On est devenus champion du monde avec des joueurs évoluant à l'étranger et on sait que si ça n'avait pas été le cas, jamais on n'aurait gagné la Coupe du monde. Tous ont appris la concurrence, les rudes batailles. À l'étranger, et beaucoup étaient en Italie, ils travaillaient plus, étaient plus rigoureux, plus disciplinés. Et hors de France, le joueur français devient beaucoup plus docile, il accepte tout sans broncher.

L'autre élément difficile à gérer pour un entraîneur, c'est le rôle grandissant de l'agent du joueur ...

Ce n'est pas un sujet que je maîtrise bien et dont j'aime parler. La période récente a vu dans le domaine beaucoup d'excès.

À mon époque de joueur, les agents étaient rares et n'avaient pas un rôle si important auprès du joueur. Le premier que je connaisse à en avoir eu un, c'est Platini. Son agent s'apellait Bernard Genestar.

C'est l'argent coulant de plus en plus à flots dans le foot qui a fait venir ces gens-là. Entraîneur, évidemment j'en ai fréquenté. Il y a les bons et les mauvais, ceux qui pensent plus à l'argent qu'on peut se faire rapidement, et d'autres qui réfléchissent à plus long terme. Ceux qui voient leur métier comme une vraie collaboration avec un joueur.

Mais c'est difficile d'en parler, simplement parce que c'est un métier qui a longtemps été mal défini. N'importe qui pouvait le devenir. Tu étais l'ami du joueur, tu devenais son agent. Et forcément, dans ce cadre, tu peux avoir toutes sortes de personnages.

As-tu travaillé avec un agent ?

Il y a eu Charley Marouani dont je t'ai déjà parlé. Et puis, en Espagne, Carlos Uriarte s'occupait de moi. Tu sais qu'à un moment, avec lui j'ai failli signer au Real Madrid. C'était juste après Bilbao, après la victoire du Real en Ligue des Champions au Stade de France, en 2000.

Vicente Del Bosque ne devait être qu'un intérimaire cette saison-là. J'avais une bonne cote en Espagne et le contact était réel puisque j'étais allé jusqu'à discuter des conditions du contrat. Le président du Real était Lorenzo Sanz. Si le Real ne gagne pas cette finale, je pense que je suis engagé. Les carrières ne tiennent pas à grand-chose parfois. Six mois plus tard je suis revenu à Paris.

Revenons aux agents et à la période où ils ont fleuri. On a quand même tendance à penser agent = escroc...

Écoute, je ne vais pas rentrer dans ce raisonnement. Je ne veux pas juger ces gens-là, ce qu'il font ou ne font pas. Je m'arrête au rapport que j'ai avec eux. Et ce rapport se limite à la discussion autour du joueur. Si je dois recruter un joueur et que je dois passer par son agent, je discute et voilà, je m'arrête à ça. L'univers sulfureux dont on parle aujourd'hui, je l'évite.

Là où l'agent me pose un problème c'est quand à cause de lui tu es emmerdé dans ton rapport avec un joueur. Que ce soit pour le recruter ou parce qu'il veut partir. Et ça, c'est fréquent. Être obligé de composer, de tomber dans le compromis pour des affaires extérieures au terrain, ça ça me gonfle.

Uriarte, dont je te parlais, m'a placé à l'Espanyol et au Betis, je travaille donc en confiance avec lui. Mais l'idée, et ça s'est produit, que je lui prenne, en contrepartie de nos bons rapports, des joueurs médiocres pour lui rendre service... ça non, je ne peux pas ! À l'Espanyol, on avait voulu me refourguer Mario Jardel. Tu te souviens de Jardel ? Le buteur ! J'ai répondu à l'agent : « Je me suis renseigné, c'est une pompe à vélo ton gars, il est cuit ! »

Évidemment ça ne lui a pas plu. Mais si tu commences à accepter ce genre de chose, t'es mort.

Tu ne t'es jamais retrouvé au milieu d'affaires louches ?

Quand j'étais à Paris on m'a fait une fois une proposition louche. J'étais manager et à ce titre je devais traiter les affaires de transfert. Je rencontre un type à Monaco et il me demande de faciliter la sortie d'un joueur. En échange, on me propose une belle somme d'argent sur un compte numéroté. Je suis revenu à Paris et suis allé voir ma direction. Je leur ai demandé d'être déchargé du dossier. Moi, la dernière fois que j'avais fait un truc louche, j'avais dix-neuf ans. La délinquance c'est pas pour moi.

Le transfert du Brésilien André Luiz à Paris m'a valu aussi quelques soucis. Les négociations avaient eu lieu dans un resto, *L'Étoile à Paris*. On se retrouve avec plusieurs personnes dont Roberto Assis, le frère de Ronaldinho, et Frelot du PSG. Moi je suis là en tant que coach, ce n'est pas moi qui mène les négociations. Ce n'est pas mon domaine de compétences.

Le transfert se fait et je reçois plus tard le coup de fil d'un type qui voulait sa « part » parce qu'il disait avoir favorisé le transfert. Le ton était menaçant. Il voulait une commission. J'ai évidemment répondu non ! Je n'avais rien négocié avec qui que ce soit. Je lui ai dit d'aller voir les personnes intéressées.

Là, c'était clairement du chantage.

Tu as pas eu peur ?

Peur ? Et peur de quoi ? Je n'avais rien fait de mal. T'as peur quand t'es pas propre, que t'as un truc à te reprocher. Et puis avoir peur, c'est pas dans ma nature. Tu voulais quand même pas que je baisse mon pantalon...

Depuis deux ans maintenant, Luis Fernandez partage deux fois par semaine son temps d'antenne sur RMC avec une autre star du foot : Didier Deschamps. Le capitaine des Bleus, champion du monde 98, est devenu un consultant éclairé et pertinent. Il intervient ici en tant que guest star. Questions/réponses pour faire le point sur l'état et l'évolution du foot...

Luis Fernandez : Passer du terrain au banc de touche, c'est un chemin qui semblait écrit d'avance pour toi ...

Didier Deschamps : Devenir entraîneur était effectivement un objectif, une volonté. Mais c'est venu plus vite que je ne le pensais. C'était juste après mon expérience en Espagne à Valence. Physiquement, le corps ne répondait plus. Je n'étais plus assez fort pour continuer à jouer.

Dans un premier temps pourtant, je voulais couper. Je voulais ralentir le rythme après vingt ans d'une vie usante physiquement. Je pensais d'abord être consultant, j'avais d'ailleurs déjà pris des engagements avec Canal +.

Et puis il y a eu l'opportunité d'entraîner Monaco avec le président Campora. Il m'a fait cette proposition, j'ai réfléchi et j'y suis allé.

L.F. : Et j'imagine que tu as vite constaté que les deux rôles étaient bien différents...

D.D. : Passer d'un rôle à l'autre n'est effectivement pas si simple. Et pourtant, beaucoup pensaient que ce serait pour moi quelque chose de naturel.

La gestion des matchs ça va, les préparer aussi. Mais organiser un entraînement, déterminer son rythme, penser les temps de récupération, ça c'est plus compliqué. C'est un vrai métier à apprendre. Gérer le quotidien sans avoir eu de formation, donc peu de repères, c'est délicat.

L.F. : Et puis il y a le contact avec les joueurs. Même si tu étais un leader sur le terrain, ça a dû te changer...

D.D. : C'est vrai, tu penses connaître, savoir des choses, et puis tu t'aperçois que tu as veilli, que les mentalités évoluent. Même si tu as été leader dans un groupe, là tu découvres d'autres mentalités.

Et puis j'avais quitté la France depuis plusieurs années. Donc je devais réapprendre certaines choses.

L.F. : Quel genre de choses ?

Le jeu tout d'abord. En France, on joue beaucoup sur le physique, on a beaucoup de joueurs d'origine africaine, des athlètes, c'est costaud. Ce n'est pas un jugement en forme de « c'est mieux ou moins bien », c'est juste un premier constat. Il faut donc au plus vite s'adapter à ça. Je ne connaissais plus le foot français. Je pensais arriver et instaurer une préparation à l'italienne, mais il a fallu l'adapter.

L.F. : L'autre différence entre joueur et entraîneur, c'est aussi que quand on a été un joueur important du vestiaire, un peu chambreur, il y a des choses qu'on ne peut plus trop se permettre. Il faut parfois instaurer une distance.

D.D. : Je chambrais, oui, j'ai toujours eu ce rôle. L'humour est important dans un groupe. Et je dois dire que j'ai gardé cet aspect de ma personnalité. Mais quand j'ai un message à faire passer, je peux être clair et direct. Je sais laisser de côté l'humour dans ces cas-là.

L.F. : Tu as finalement fait une grosse partie de ta carrière à l'étranger. As-tu noté que le Français qui part devient différent ? La rigueur qu'on peut connaître ailleurs ne marche pas en France. Il faut s'adapter au pays, à la ville, au club, à la culture.

D.D. : Le joueur français qui part change d'attitude, il devient « l'étranger » et donc se fond dans le moule, il doit prouver qu'il peut apporter quelque chose, il doit s'affirmer…

L.F. : J'ai beaucoup parlé des différences entre le foot en France et ailleurs en Europe. J'imagine que tu as relevé les mêmes différences...

D.D. : Je vais te parler de l'Italie, c'est le pays que je connais le mieux et qui, au fond, m'a le plus marqué. Là-bas donc, un club est structuré de A à Z. Une fonction correspond à un homme, c'est hyper organisé. Il ne doit pas y avoir le moindre problème. Et s'il y en a un, il doit être réglé tout de suite.

En gros, le message c'est : on te paye, cher, tu joues, on t'enlève tous les problèmes, tu ne dois penser qu'au terrain, alors tâche d'être à la hauteur de ce qu'on te donne, rends-le nous.

L'autre élément non négligeable, c'est aussi le poids des anciens dans le club. Il y a des gars qui sont là depuis très longtemps. À l'entraînement, ils sont irréprochables, ils ne grattent rien, ils donnent l'exemple aux autres. Par « gratter », je veux dire qu'ils se donnent à fond. Ils font preuve d'une grande discipline. Ils ne vont pas se planquer au moment de faire les tours de terrain ou lors des séances de musculation. Ces « anciens » sont nickel, alors les autres sentent qu'ils ont intérêt à l'être également.

En France, les clubs manquent de joueurs cadres. Dès que tu as un gars qui sort du lot, il part. La conséquence, c'est que les jeunes deviennent stars ou cadres trop vite et ils ne peuvent pas assumer un tel statut.

L.F. : Ce que tu viens de dire sur les anciens qui donnent l'exemple, ça me rappelle Rafael Alkorta, que j'ai eu comme joueur en fin de carrière. Un joueur qui a quand même évolué au Real ... Il n'était plus en super forme et, parfois, j'avais envie de l'économiser à l'entraînement. Mais lui venait me voir et disait : « Pas question coach, il faut que les autres me voient travailler comme eux... »

D.D. : Oui, ça ne m'étonne pas ...

L.F. : Pourquoi, selon toi, une telle situation est-elle quasiment impossible à observer en France ?

D.D. : Ce n'est pas une question de qualité de l'entraîneur. Le problème est au-dessus. La stabilité de la structure, sa perénnité, l'investissement de chacun, c'est au niveau de la direction que ça se passe. C'est de là que la règle, l'exemple doivent venir.

En France, ça bouge quand même beaucoup, trop même ! Regarde ce qui s'est passé ces dix dernières années à Paris ou Marseille. Et pourtant ces clubs devraient être des exemples.

Il faut que la « tête » des clubs soit solide et structurée pour qu'ensuite les dirigeants établissent des règles. C'est le minimum pour que la culture se mette alors en place, peu à peu. C'est comme une culture d'entreprise.

Le problème majeur, c'est que les gars à la tête des clubs sont là depuis trop peu de temps. Il serait intéressant d'analyser de plus près depuis combien de temps les dirigeants des clubs français sont en place. Je pense que ce constat expliquerait beaucoup de choses.

La direction doit être garante d'un esprit dont le coach n'est qu'un relais. Le domaine du coach doit rester principalement le terrain.

L.F. : Restons sur le rôle du président. Quel rôle doit-il avoir selon toi ?

D.D. : En France, le président n'est pas assez fort. Il n'a pas assez souvent le recul nécessaire, la distance inhérente à sa fonction. Le schéma consistant à voir le joueur se rendre dans son bureau pour se plaindre, et que cela débouche sur le limogeage du coach, est trop fréquent et insupportable.

Sans que ça aille jusqu'au limogeage, tu peux te retrouver face à un président qui te dit : « J'ai parlé aux joueurs qui m'ont dit que… » Mais à qui a-t-il parlé ? À ceux qui ne jouent pas ? Dans ce cas, forcément, il a entendu des choses négatives sur l'entraîneur. Et puis je pense comme toi que la majorité n'y connaît rien en foot.

Par ailleurs, je pense que, lors des déplacements, le président ne doit pas faire copain/copain avec les joueurs.

Ça me rappelle un exemple à Monaco. J'avais un joueur qui disait être en contact avec le Real. C'était impossible. Mais un dirigeant vient et m'assure que le joueur est effectivement en contact avec le club espagnol. Je lui réponds : « Mais qui t'as dit ça ? » Il réplique : « C'est son agent, il m'a même dit qu'il passait la visite médicale aujourd'hui. » J'étais excédé : « Mais arrête, je mange un âne s'il signe au Real, je n'y crois pas un instant, à ton histoire. » Mais voilà, l'agent avait manipulé tout le monde. C'était du pipo, pourtant les dirigeants y croyaient. Pire, le joueur aussi y croyait.

Ce genre de chose provoque des dégâts chez les joueurs. Je ne vais pas citer de nom, mais quand à Marseille ou Paris, tu prends un joueur moyen/bon comme il y en a beaucoup en France, que tu le sors d'un club moyen et que tu lui donnes beaucoup d'argent – trop par rapport à ce qu'il vaut vraiment – eh bien, c'est fini ! Pendant plusieurs mois, le joueur est perdu. Il change de ville, de club, de voiture, d'appartement, de niveau de vie en somme. À moins qu'il ne soit réellement très fort, le joueur n'y arrivera pas. Il ne pourra pas assumer tout ça d'un coup.

Et ce schéma, dans ces clubs, se reproduit depuis plusieurs saisons.

Le problème inverse, c'est que si tu ne manies pas la carotte, si tu ne lui donnes pas cet argent, eh bien il partira à l'étranger. Sans plus de garantie quant à sa réussite.

Avec ces contrats et ces salaires, tu ne fais plus de joueurs qui ont faim, que tu pousses à la progression. Tu les pousses juste à s'endormir. Regarde le petit Mathieu Valbuena, tu sens qu'il a envie, il a faim, il progresse, il franchit des échelons, il a un parcours normal.

Au Mercato 2007, j'ai entendu que le jeune de Caen, Yoan Gouffran, devait toucher 120 000 euros par mois à Paris. C'est énorme ! Beaucoup trop ! Qu'est-ce qu'il a fait dans sa carrière pour mériter autant d'argent si tôt? Tout cela n'a aucun sens. Il vaut mieux faire progresser tes jeunes du centre. Et tu verras alors que Gouffran n'apparaîtra plus aussi doué que ça !

L.F. : D'autant que, dans certains clubs, la valeur intrinsèque du joueur ne suffit pas...

D.D. : La personnalité est effectivement peut-être plus importante. Il faut être très bien renseigné, avoir pleins d'infos sur le joueur avant de le faire signer à Paris ou Marseille. Être informé sur son entourage, sur ce qu'il aime hors foot, s'il est marié et parfois même comment il est marié... Tout cela est très important.

L.F : Y a-t-il eu des cas où tu as refusé un joueur pour des raisons hors football ?

DD : Ces critères sont certes importants, mais il faut aussi savoir se méfier des ragots. Il faut se faire sa propre idée. Et à ce titre, c'est à l'entraînement qu'il faut étudier un joueur. Ce n'est pas en match qu'il faut l'observer le plus souvent mais lors des séances d'entraînement. Tu regardes comment il se comporte, comment il participe aux séances, c'est très important. D'ailleurs quand je prends un gars, j'envoie un collaborateur pendant une semaine pour assister aux entraînements.

L.F. : Revenons au rapport président/entraîneur. Comme moi, tu préfères le président en retrait mais, à Marseille, tu as pourtant connu une forme de présidence avec un recul inexistant...

D.D. : À Marseille, Tapie était effectivement un président omniprésent et ultraprésent. Mais on avait un directeur sportif fort, Bernès. Ces deux personnalités, ajoutées à la pression des supporters, ça ne donnait quand même pas envie de sortir des clous. L'autorité existait et tu n'avais pas franchement envie de te disperser.

À Monaco, ce fut en revanche plutôt original. Pierre Svara était un président opposé à la description dite « idéale ». Mais c'est une exception qui a marché. Il était président-supporter. C'était un vrai fan. En Coupe d'Europe lors des déplacements, il préférait faire le voyage avec nous. Il mettait son écharpe et vivait le « truc » à fond. Il laissait la limousine sur le tarmac. Avec lui, j'ai fonctionné en binôme. Il me faisait totalement confiance car il était admiratif de mon passé de joueur. Cela s'est très bien passé entre nous. Et quand il a fallu prendre des décisions difficiles, notamment par rapport à Marco Simone, il a dit : « Très bien, je vous suis, faisons comme vous voulez, pas de problème. » Il lui arrivait de parler aux joueurs et ceux-ci avaient un grand respect pour lui. Pour la presse, ce n'était peut-être pas un bon client, mais c'était un super président. Bon, c'est vrai aussi que c'était Monaco et que, dans ce cadre, ça marchait bien. Ailleurs, peut-être que ça n'aurait pas fonctionné de cette façon.

L.F : Pourquoi tu ne viens pas dans un club français pour tenter de changer les choses, faire profiter de ton expérience ?

D.D. : C'est pas si simple. Il faudrait un mouvement, une évolution générale. Parfois, ça me semble désespéré. C'est dur en France de trouver un endroit où je vais pouvoir bosser comme je le veux. Sincèrement, je ne vois pas où.

Pour aller à Marseille, puisqu'il en a été question à l'été 2007, je voulais un staff complet. Je souhaitais pouvoir travailler en confiance avec le médecin, l'entraîneur des gardiens, mes adjoints... C'est la seule solution pour tout contrôler. Mais le club n'a pas voulu, arguant que les gens en place étaient compétents. Je n'en doute pas une seconde. Mais je ne veux pas bosser dans ces conditions. Tu ne sais jamais ce qui se passe dans ton dos en cas de pépin. Tout peut vite changer après deux ou trois mauvais résultats.

Un entraîneur est au club pour réussir, et ce que j'appelle « les hommes de clubs », eux, sont là pour durer : c'est ingérable. Ils se comportent bien avec toi, et seront tout aussi bons avec celui d'avant et celui d'après. Mais, en cas de problème, ils savent qu'eux resteront en place tandis que toi tu dégageras. Quand tu viens avec ton staff, tout le monde est lié, et tout le monde avance ensemble.

L.F : L'important dans un club, c'est d'éviter les luttes de pouvoir. Être d'accord en matière de recrutement pour commencer...

D.D. : Il faut d'abord trouver un mode de fonctionnement. Établir une règle et éviter que ça ne parte dans tous les sens. À Marseille, c'est José Anigo qui fait le recrutement. S'il s'entend avec le coach, si c'est défini à l'avance et que ça ne pose de problème à personne, pourquoi pas ?

À Lyon, c'est le domaine réservé de Bernard Lacombe. Il ne pense pas que les coaches en place sont plus compétents que lui sur ce point. Mais il y a quand même une concertation. Lors de la saison 06/07, Gérard Houllier voulait Frédéric Piquione, mais Lacombe n'en voulait pas. Là, ça devient forcément compliqué. Il y a débat. Lacombe en tant que directeur sportif, conseiller du président, tient à ce rôle. À l'arrivée, il y a quand même une organisation qui existe, et elle fontionne plutôt pas mal, non ?

L.F : Revenons au métier d'entraîneur et à la difficulté d'imposer son autorité...

D.D. : Quand tu rencontres un problème avec un joueur, jeune ou non, il faut le prendre entre quatre yeux. Tu peux lui faire entendre raison et puis il sort de ton bureau, il parle avec son entourage, son agent, sa femme, et là tout change !

Le joueur insolent, qui te répond, qui met ta légitimité en question, ça arrive. Je ne l'ai pas connu mais j'en ai entendu parler. Et cela doit être plus fréquent quand il s'agit d'un entraîneur qui n'a pas connu le haut niveau lui-même comme joueur. À ce titre, je pense que ça aide vraiment d'avoir joué au plus haut niveau. Les rapports de force joueur-coach sont en augmentation et il faut s'imposer. C'est plus aisé pour moi parce que j'ai quitté le terrain depuis peu. La plupart m'ont vu jouer et me connaissent. Mais parfois je me demande comment fait un coach plus vieux dont les joueurs ne se souviennent pas. T'as quand même vite fait d'être pris pour un vieux con! À mon époque, c'était tout l'inverse. Jeune, je prenais des gifles par les anciens, j'ai ciré leurs pompes. Parfois certaines attitudes étaient exagérées.

L.F. : J'ai connu Jean-Pierre Adams à mes débuts au PSG en 1978, qui disait : « Petit, va là-bas, ne viens pas dans le vestiaire des pros… » Je pense qu'effectivement un jeune pas encore professionnel ne peut pas s'habiller avec les pros, par exemple. Moi, j'avais peur, je les craignais, ça m'a appris le respect. Je crois que c'était une bonne chose.

D.D. : Bien sûr mais, parfois, c'était exagéré. En équipe de France, on accueillait les jeunes et on disait : « Écoute, tu es sélectionné, c'est que tu as le niveau, maintenant à toi de nous montrer ton niveau, respecte le groupe et ça se passera bien. »

L.F. : Une des données importantes aujourd'hui, c'est la place grandissante de la communication dans notre métier.

D.D. : La communication, l'image, la gestion humaine, ce que tu dégages auprès des joueurs, c'est devenu capital, prioritaire aujourd'hui. Je pense même que c'est souvent bien plus important que le travail du terrain. La communication représente à présent 60% de la réussite contre 40% pour le travail de terrain. Le message, ce que tu dégages, a autant d'importance à l'extérieur qu'à l'intérieur du groupe.

Dans ce domaine, José Mourinho est un exemple. Il a très bien compris et intégré tous ces paramètres. Son physique joue aussi.

À Paris, tu as le modèle Le Guen. Il ne parle pas, il n'explique pas ses choix à ses joueurs, c'est sa façon de fonctionner.

J'ai connu des coaches qui ont réussi sans rien expliquer, sans avoir le moindre rapport avec les joueurs. Et des coaches qui ont joué deux finales de LDC de suite.

L.F. : Oui, Hector Cuper est comme ça, il n'entretient aucun rapport avec les joueurs...

D.D. : Fabio Capello fonctionne également comme ça ! Il est très directif. Au début de la saison, il sait déjà tout ce qu'il va faire, son modèle est reproduit année après année... et ça marche. Pour lui la rigueur prime sur le reste. Il fait ce qu'il faut pour arriver à ses fins. Mais tu peux faire ça quand tu es Capello. Il a un pouvoir sur les dirigeants, il demande tout et cale tout avant de se lancer dans une aventure. Après, il n'est pas chaleureux mais il bosse. Il se fait payer très cher pour gagner, et il y arrive ! Après tout ce qu'il a fait dans sa carrière, le joueur ne lui demande rien. Sa légitimité est immense.

Par ailleurs, je crois aux cycles pour un coach. Trois ans dans un club, c'est le maximum aujourd'hui. Il peut y avoir des exceptions, genre Carlo Ancelotti, ou Arsène Wenger, mais c'est rare.

L.F. : Terminons sur la place toujours plus grande accordée à l'argent par les joueurs. Pour certains, c'est la motivation première...

D.D. : Souvent tu comprends mieux les choses quand tu jettes un coup d'œil sur l'entourage. Aujourd'hui, Ronaldinho veut quitter le Barça principalement pour une histoire de pognon. S'il se barre en Angleterre, il sera fort à nouveau. Il traînera moins les pieds à l'entraînement. La rivalité entre Samuel Eto'o et Ronnie tourne surtout autour de ça.

L.F. : Un coup d'œil sur le salaire de l'autre, des ego mal placés, Eto'o qui se dit : « c'est le petit Noir contre le Brésilien. » Roberto Assis, frère et agent de Ronaldinho, ne vise que le blé, c'est son métier de négocier les contrats du frère, et il lui en faut toujours plus. En plus, Eto'o est proche du président du Barça, Laporta, tandis que Ronnie est proche de Sandro Rossel, le gars de chez Nike. Rossel était autrefois proche de Laporta, c'est lui qui d'ailleurs facilite la venue de Ronnie au Barça. Cela a servi l'arrivée à la présidence de Laporta.

Je le sais parce que, au PSG, on aurait gagné plus d'argent à vendre le joueur à Manchester United. En Angleterre, c'était 30 millions cash, sans traite, au Barça c'était différent, moins bien financièrement. Mais c'est Nike qui a finalement décidé.

Ronnie est donc allé à Barcelone et Laporta a monté le grand Barça autour de lui. Rossel pensait profiter de la situation pour se rapprocher du pouvoir, mais Laporta a choisi de s'appuyer encore davantage sur Cruyff. Rossel s'est senti trahi, il se voyait déjà conseiller spécial du président.

Depuis, Rossel cherche à faire casquer Laporta. Sur Ronaldinho, il veut lui prendre le « max » de pognon. Et aujourd'hui au Barça, il y a donc cette guéguerre entre les deux clans.

Je me permets alors d'intervenir dans cette discussion pour demander quelle est la différence entre 5 millions et 6 millions d'euros par saison. J'avoue avoir du mal à comprendre ça ...

D.D. : C'est juste un problème d'ego. Pourquoi le gars à côté de moi dans le vestiaire touche-t-il plus que moi ? Est-il vraiment meilleur ? C'est uniquement ça !

Et puis j'en reviens à l'entourage. Les femmes de joueur, ça peut faire de gros dégâts dans un club. *(Didier et Luis se marrent.)* Si elles se voient et qu'elles commencent à discuter... Après, elles vont voir leur mari/joueur : « Mais comment ça, Machin il prend 3 millions, et toi seulement 2,5. Comment tu peux accepter ça ? »

C'est un drame ! T'as même pas idée des histoires que ça engendre !

Tu peux aussi avoir les grandes familles. Certains joueurs africains, ou d'origine africaine, font vivre dix familles, parfois plus. Autour d'eux gravite beaucoup, beaucoup de monde. L'appât du gain est omniprésente. Ajoute à ça des conseillers qui ne savent pas conseiller...

Luis aime le XVIIe arrondissement de Paris ou, peut-être plus que ça, il aime avoir des repères. Pour ses rendez-vous, il choisit logiquement des endroits qu'il connaît. Et si je souhaite changer de lieu, déroger à la règle du bar Le Central *en bas de chez lui, pas de problème : « On se voit au* Dada, *à l'angle de la rue Poncelet. » Mais parce qu'il fait aussi partie, dans une certaine mesure, du monde people, Luis fréquente* Le Murat, *porte d'Auteuil, ou le plus discret* Chez Carette, *place du Trocadéro. À l'aise partout, Luis adopte les manières des endroits qu'il fréquente. Mais là comme ailleurs, il aime par-dessus tout le rapport humain. Il appelle ainsi souvent le patron ou le serveur par leur prénom. Qu'il soit de convenance ou bien réel, le rapport ne doit de toute façon pas être aseptisé.*

À la terrasse du Dada, *Luis est tranquille. Un salut à droite à gauche, un clin d'œil. Là où d'autres auraient préféré être à l'écart, lui choisit le contact.*

Ce jour-là, je veux parler de la vidéo dans le foot. Je sais qu'il est plutôt pour, je suis contre. Mais son avis ne m'a jamais totalement paru clair. J'ai toujours senti une faille dans sa réflexion sur le sujet.

La journée ne se prête guère pourtant à une discussion animée autour du foot. Luis n'a qu'une idée en tête et un seul sujet de conversation : le rugby. La Coupe du monde 2007 débute avec, au programme, le match d'ouverture France/Argentine. Mais lorsque l'on parle de foot et de rugby, on en vient vite à les comparer, le sujet « vidéo » n'est alors jamais très loin…

Tu vas au Stade de France ce soir ?

Évidemment, je ne vais pas rater ça. Tu sais que j'adore de plus en plus ce sport. C'est vraiment différent du football. Ce qui me plaît, c'est que le rugby évolue tout en restant attaché à de solides traditions. Nous, dans le foot, on ne bouge pas.

Eux sont venus à la vidéo tandis que nous, on reste réfractaire.

Si on considère que le jeu a évolué, je veux dire par là, physiquement, notamment parce que ça va plus vite, alors notre système d'arbitrage est obsolète.

Et puis on ne peut pas continuer à nier l'idée qu'avec les enjeux qu'il y a dorénavant on ne peut plus perdre à cause d'une mauvaise décision. Une décision ne peut pas anéantir le travail du coach, des joueurs, des dirigeants.

Je ne sais pas si la vidéo est LA solution, mais trouvons un système. Il faut vraiment réfléchir à ça. L'arbitre est trop seul, il est soumis a trop de pressions. La vidéo, au moins pour savoir si le ballon a franchi la ligne ou non, ce serait déjà un progrès minimum !

Avant de parler vidéo, quand tu compares foot et rugby, il faut peut-être commencer par évoquer le comportement des joueurs par rapport à l'arbitre...

Au rugby il est naturellement plus respecté, c'est culturel. Sur le terrain, je profitais de cet état de fait, de cette situation. J'emmerdais le peuple. J'étais mauvais joueur, je discutais tout le temps. Mais les règles, les coutumes du foot le permettaient, tout simplement. User, voire abuser de la règle est commun dans le foot... C'est limite si on ne te l'apprend pas quand tu es môme.

Au foot, le joueur peut prendre le pouvoir, par l'intimidation, l'insulte, tout les coups sont permis. Je l'ai vu cent mille fois ça. La parole est extrêmement importante. La façon d'échanger avec l'arbitre. Et c'est pareil sur le banc, je le faisais parce qu'on pouvait le faire, la culture le permettait, alors j'y allais à fond.

Cela ne m'empêche pas d'admirer le respect qu'il y a dans le rugby.

Permets-moi de revenir sur la vidéo au sens large. Je suis contre notamment parce que, selon moi, l'absence d'assistance technologique permet de garder le côté humain, primordial dans ce sport. Et ça aussi, c'est la culture foot. Le petit peut, grâce à cette « humanité », battre le gros et c'est le seul sport où c'est encore possible...

Et tu veux me parler aussi de Maradona, de sa main légendaire, la main de Dieu de la Coupe du monde 86. Ce geste qui venge tout un pays, le sien, l'Argentine, contre l'Angleterre qui avait gagné la guerre des Malouines quelques années plus tôt. Oui, c'est vrai, le cadre du foot est trop étroit pour comprendre tout cela. Cette réflexion m'intéresse forcément. L'idée du pauvre contre le riche qui peut quand même s'en sortir par la « roublardise ». C'est vrai que tout cela est inscrit dans les gènes du foot. Je ne suis pas contre cette idée...

Michel Platini est également contre la vidéo. Il veut garder intacte la nature de ce sport. Face à lui, les dirigeants qui gèrent leur équipes comme des entreprises et qui veulent limiter les risques économiques s'élèvent contre l'immobilisme. Perdre à cause d'une décision arbitrale, c'est peut-être trop dur, mais justement Platini est contre la pensée du « tout » économique…

Je fais mienne l'idée que le foot doit rester populaire. Et peut-être qu'effectivement sans « l'incertitude » qui empêche le riche de toujours gagner, le foot peut devenir systématique.

Mais tout ça, je le dis là, assis calmement en buvant un café. Reste que quand tu es sur le terrain, tu vois souvent les choses de façon moins posée...

Je ne sais donc pas quelle est la meilleure solution. Faut-il ne rien faire ? Je pense qu'il faut avancer quand même un peu. Assurément, il faut faire quelque chose pour savoir si le ballon est dans ou hors du but...

Je pense aussi qu'il faut une commission forte, indépendante et libre, pour sanctionner ou absoudre après coup le tricheur, l'agresseur… cela me semble important également.

Fin 2007, l'affaire fait grand bruit dans le microcosme footballistique. Un matin, le centre d'entraînement de l'AS Saint-Étienne ferme ses portes sous le nez de Robert Herbin. À 68 ans, Herbin est désormais loin des terrains. Il tient une chronique hebdomadaire dans le quotidien La Tribune-Le Progrès. *C'est visiblement en raison de propos qui n'ont pas plu à la direction du club que cette décision a été prise.*

Tu peux me lire l'article avec l'explication, s'il te plaît? Moi, je ne peux pas, ça va me faire gerber...

«La direction de l'ASSE "*s'est étonnée des propos tenus par Robert Herbin dans cette rubrique*", justifiant sa décision "*par le nombre croissant de sollicitations extérieures*" qui l'ont contraint à décider "*comme toute entreprise privée, à réglementer l'accès à son siège social*". "*Ne sont reçues au siège de l'AS Saint-étienne que les personnes qui ont pris rendez-vous avec un dirigeant ou un salarié*", précise le communiqué dans lequel le club assure "*respecter la liberté d'expression de M. Herbin*" et que celui-ci "*respecte la procédure d'accès au centre d'entraînement, laquelle est la même dans tous les clubs professionnels de football.*»

C'est absolument révoltant. Mais Herbin devrait avoir le droit d'entrer, de sortir, de faire ce qu'il veut dans le club. C'est un intouchable. Il a tout fait pour ce club. Les irresponsables qui dirigent ce club savent-ils que s'ils mangent aujourd'hui, c'est grâce à lui. Mais comment peut-on faire une chose pareille?

Comment ce club peut-il espérer redevenir grand avec des types pareils à sa tête? Encore une fois, on touche du doigt l'inculture du football français. Le respect de l'histoire du foot, d'un club, c'est primordial ! Cette affaire me rend dingue !

À Paris, Vahid Halilhodzic avait fait la même chose. Avec son sous-fifre, Salouze, il avait voulu couper le club de son passé. Toutes ces attitudes sont vouées à l'échec. Les gens qui agissent de la sorte finissent par se planter.

À Barcelone, Cruyff tient une chronique dans *El Periodico*. Je trouve ça très bien. Et que Herbin le fasse, c'est tout aussi normal. Pour les supporters, tout ça, c'est important. On ne respecte pas assez les supporters, mais pour eux, un club c'est comme une famille. Et là, à Saint-Étienne, on met dehors l'un des membres les plus éminents de cette famille.

En parlant de Saint-Étienne, tu as souvent été cité comme entraîneur possible dans ce club...

Le président Bernard Caïazzo est un ami de longue date. On se connaît depuis qu'il était au Paris F.C. Les restaurants, les vacances, on a fait pas mal de trucs ensemble. On doit se connaître depuis vingt ans.

Avant qu'Elie Baup ou Fred Antonetti n'entraînent les Verts, on était déjà en contact. En 2006, il m'avait sollicité. On avait mis en place une stratégie, un plan de travail. On a rencontré ensemble les gens du club, Omar da Fonseca, Vincent Tong Cuong, le directeur général.

L'idée c'était d'avancer doucement pour ne brusquer personne. Réussir à m'imposer sans froisser personne. Je rencontre donc les personnes en question. Le projet m'intéresse et je pense les intéresser également. J'avance quelques conditions, notamment sur le recrutement. Une nouvelle réunion est organisée avec Caïazzo, Romeyer, le vice-président et Vincent Tong Cuong. À ce moment-là, Caïazzo est partant.

Et là, ils décident de consulter Aimé Jacquet.

Et pourquoi Jacquet, c'est surprenant non ?

Parce que Jacquet, pour Saint-Étienne, c'est forcément un avis éclairé. Il est stéphanois, connaît le club, la région et puis c'est Jacquet. Depuis 98, c'est un peu la Bible... Enfin, je ne comprends pas bien mais c'est comme ça !

Cette consultation débouche sur un revirement de Caïazzo.

Il me dit: «Aimé a mal parlé de toi, il n'a pas aimé tes expériences au Qatar et en Israël!»

Là, franchement, des choses m'échappent. Mais Bernard Caïazzo ajoute toutefois: «Ne t'inquiète, de toute façon, ça va être voté au conseil d'administration.» Dans le fameux conseil, on retrouve Bruno Gaccio, le type des Guignols. Le vote est effectué. Sur les treize voix, six sont en ma faveur et sept contre moi. Celui qui fait pencher la balance, c'est Vincent Tong Cuong! C'est lui qui me barre la route, ce type c'est quand même Caïazzo qui l'a placé. Il aurait pu lui parler. J'ai du mal à m'expliquer ce qui s'est passé en coulisse, mais pourquoi m'avoir fait autant tourner en bourrique? Le jeu semblait sans issue pour moi. Cela m'a néanmoins renseigné sur la nature de certains. Aimé Jacquet s'est par exemple révélé. Je l'ai évidemment appelé très vite:

«Allô la fédé, passez-moi monsieur Jacquet, s'il vous plaît...

– Désolée, il n'est pas là...

– Eh bien, dites-lui de me rappeler très vite, dans les dix minutes, sinon demain mon émission "Luis attaque", ça va se transformer en "Luis Attaque Jacquet" et on va pas parler de la Coupe du monde 98!»

Cinq minutes plus tard, j'avais le coup de fil...

«Bonjour Luis, que se passe-t-il ?...

– Il se passe que j'aimerais savoir pourquoi vous avez émis des réserves sur mon nom au sujet de Saint-Étienne. On m'a dit en effet que je n'avais pas le profil, enfin que vous pensiez que je ne l'avais pas... j'aimerais savoir pourquoi?

– Mais non Luis, ne va pas croire que...

– Eh bien justement c'est ça le problème, c'est que je ne sais plus quoi croire. Je ne sais plus quoi penser de ce football français qui empêche de travailler des entraîneurs français – qui plus est – titrés au niveau national et international... Vous comprenez, monsieur Jacquet...

– Mais jamais de la vie, je t'assure...

– Écoutez, m'sieur Jacquet, le président des Verts est un ami de très longue date. Il m'a certifié que ces propos ont bien existé. Et puis, il paraît que le Qatar et Israël sont des pays qui ne vous plaisent pas, m'sieur Jacquet...? Dites-moi tout, vous avez un problème avec moi ou seuls vos amis ont le droit de travailler dans le foot français ? C'est la nouvelle règle de la DTN ? Mais comment fait-on pour compter parmi vos amis ? »

Les réponses ne sont jamais venues, il a été déstabilisé.

Je me suis dit, s'il parle comme ça, c'est que d'autres doivent le faire aussi, et finalement je dois agacer pas mal de monde. Il faut être sorti du moule « Jacquet/DTN » pour bosser aujourd'hui dans le foot français. Il a formaté tout le monde. Aimé Jacquet, en tant que DTN, m'a empêché de travailler, j'en suis sûr. Jacquet, parce qu'il est champion du monde, c'est le roi à vie. Et après 98, le copinage a beaucoup fonctionné avec lui. Une idée de voir le foot, une façon d'entraîner et de voir le jeu, s'est installée.

Aimé Jacquet n'est pas mon ennemi, c'est juste un mauvais souvenir. Nous n'avons pas d'atomes crochus, voilà. Il n'a pas besoin de moi, et je n'ai pas besoin de lui.

Depuis l'histoire « Jacquet/Saint-Étienne », la «tête» de la DTN a changé. C'est désormais Gérard Houllier qui occupe cette fonction au sein de la Fédération française de football. Houllier a dirigé Luis au PSG. Grâce à cet entraîneur, Luis a mûri. Le joueur fougueux, parfois difficile à contrôler, est devenu un capitaine d'équipe exemplaire.

Un lien fort unit ces deux hommes. Houllier et Fernandez sont, par ailleurs, les deux seuls entraîneurs français à avoir gagné une Coupe d'Europe.

Avec Houllier, Luis souhaite parler du jeu et de son évolution. Le rendez-vous est fixé à la FFF, boulevard de Grenelle à Paris. À l'entrée, les deux jeunes filles chargées de l'accueil des visiteurs nous réclament froidement nos papiers. Luis s'exécute, non sans laisser transparaître une pointe d'agacement. Nous sommes invités à patienter plus loin dans un hall aussi froid que l'accueil. Pour égayer l'endroit, un mur et une grande vitrine. Derrière, plusieurs rangées de trophées remportés par les équipes de France de foot. La Coupe du monde 98 trône au milieu de ce mur.

Bientôt, il vont nous demander un test ADN pour entrer à la Fédé ou quoi ? Tu crois que si Platini ou Zidane se présentent ici, l'autre, là, elle va leur demander leurs papiers et comment s'écrit leur nom aussi ? Ils ne pourraient pas mettre des gens qui connaissent un peu le foot, non ?

Quelques minutes plus tard et après avoir salué Henri Émile et Albert Rust, l'assitante du DTN vient nous chercher. À notre sortie de l'ascenseur, au 3e étage, nous tombons nez à nez avec le sélectionneur national, Raymond Domenech. Luis le salue cordialement puis me rattrape dans le couloir.

Oh, t'as vu comment il t'a snobé, le Raymond? Mais qu'est-ce que tu lui as fait pour qu'il t'en veuille autant? Tu sais qu'à cause de toi, il ne veut plus parler à RMC?

Le rire de Luis raisonne dans ce couloir de la FFF Visiblement, la scène qui a vu le sélectionneur marquer un profond dédain pour moi l'amuse beaucoup...

En fait, notre sélectionneur n'apprécie pas tellement qu'on le critique et, depuis qu'il m'a entendu le faire, eh bien il m'en veut. Je crois même qu'il a essayé de faire pression sur RMC pour me « faire taire »...

Il te donne beaucoup d'importance en faisant cela, non? Je t'avoue que j'ai quand même du mal à comprendre. Mais ce que j'ai bien compris, c'est la façon dont il t'a « zappé ». T'as cru qu'il allait te serrer la main, n'est-ce pas? Désolé, mais tu avais vraiment l'air con sur le coup ...

Décidément très amusé par tout cela, Luis me tape sur l'épaule et se marre à nouveau longuement.

Allez, c'est pas grave va, moi je te parle encore... et puis c'est une forme de reconnaissance pour toi, non?

Merci Luis, allez on avance, Gérard nous attend...

Gérard Houllier nous reçoit enfin. Nous prenons place dans les canapés de son bureau. Après avoir pris soin de nous, café, eau... nous débutons l'entretien.

Luis Fernandez: L'un des grands débats actuel porte sur la qualité du jeu. Rejoins-tu ceux qui pensent que cela devient préoccupant?

Gérard Houiller: J'ai passé la journée d'hier devant la télé à regarder des matchs. J'ai notamment vu Manchester UTD contre Man City et Chelsea face à Liverpool. Franchement, ce n'était pas terrible. C'est vrai que, plus tard, j'ai vu Caen contre Lens et que les Normands, pourtant bien placés au classement, ont été vraiment faibles.

Je refuse pourtant d'être définitif, ponctuellement le foot en France peut ne pas être pire qu'ailleurs. Si on analyse le problème globalement, on va vite parler d'argent et des moyens financiers dont les clubs français ne disposent pas. À ce titre, le récent appel d'offres relatif aux droits TV, et ce qui en est ressorti, est très positif. Il faut que cela serve à stabiliser les clubs. Cela va permettre une vision à plus long terme. Pour l'instant, seul Lyon peut se permettre d'avoir plusieurs gros salaires dans son effectif. Des salaires à hauteur de 150 000/200 000 euros.

L.F. : Quelle est ta réflexion sur la formation et quel est ton avis quant à l'impression que le foot français manque de joueurs techniques ?

G.H. : Notre réflexion à ce sujet ne date pas d'hier. Je me souviens que, quand j'étais l'adjoint de Platini en équipe de France, on se demandait déjà si on n'avait pas trop de joueurs « fabriqués » dans le même moule. Cela a débouché sur un changement dans le contenu des programmes des centres de formation. On a demandé à ce que les éducateurs mettent plus l'accent sur la créativité, la spontanéité.

Avant les années 90, on militait beaucoup pour le jeu à une touche de balle. On disait, c'est vraiment bien de jouer de cette façon. Par la suite, je pense qu'on a formé des joueurs physiquement costauds, tactiquement disciplinés mais manquant d'inspiration individuellle. On a changé ça et on a eu une génération avec des joueurs comme Zidane, Djorkaeff, Henry ...

On s'est aperçu également que quand un joueur arrive à quinze, seize ans, il a peut-être plus de lacunes techniques qu'à une certaine époque. Le foot de la rue étant en recul, le développement technique n'est plus favorisé. En mettant trop vite les jeunes en centre de formation, ils deviennent formatés.

Il faut savoir en effet qu'entre quinze et dix-neuf ans tu ne peux compenser que 10 à 20% de tes lacunes techniques. Après quinze ans, techniquement ta marge de progression n'est que de 20% maximum. Entre quinze et vingt ans, tu développes surtout la tactique et le physique. La coordination, la maîtrise du geste et du mouvement, c'est entre dix et quinze ans.

Ainsi, la technique se joue entre huit et quinze ans. Mais la période durant laquelle la DTN pouvait intervenir, c'était entre douze et quinze ans. On a donc souhaité que les jeunes arrivent en centre de formation avec un bagage technique plus complet.

L.F. : Je trouve qu'effectivement, dans les centres, on ne bosse pas assez la coordination, le mouvement du corps. Apprendre à courir, à marcher, ça paraît simple mais c'est très important. Les éducateurs ne travaillent pas assez sur ces points, à mon sens…

G.H. : Certainement. Aujourd'hui notre travail en matière de recrutement, c'est d'organiser des concours et de prendre les meilleurs. Tu prends une génération de vingt joueurs que tu tâches de faire grandir ensemble. Trois ans pour Clairefontaine et deux ans pour les autres centres, les pôles espoirs …

Sur la région parisienne, tu as des milliers de gamins qui veulent venir. L'objectif, c'est de ne pas les déraciner. Ils arrivent le lundi matin et doivent pouvoir être chez eux le vendredi, sans être trop loin de leur domicile. Dans la semaine, il ont un entraînement d'une heure, une heure et quart par jour maximum. Le reste, c'est à dire 90% du temps, est consacré à la technique, des jeux avec ballon.

Cela a donné la génération des Gallas, Rothen, Mexès ou plus récemment Clichy. On s'est aperçu alors que les joueurs avaient un bagage technique plus important avant d'intégrer les centres de formation des clubs. Cette approche évite aussi aux joueurs des blessures quand ils intègrent les centres.

L.F. : Eh oui, parce que si tu me fais une passe et que je fais un « contrôle américain », j'ai un duel à livrer derrière pour récupérer le ballon, d'où risque de contact...

G.H. : Ce nouveau travail de la DTN a donc donné une nouvelle génération de joueurs sortie en 1996. Une vraie réussite. À présent, on peut dire, pour schématiser, que la préformation, c'est le collège ou le lycée et que les centres de formations, c'est la fac !

Dans l'avenir, notre travail doit devenir encore plus performant sur les jeunes entre huit et douze ans. Certains pays s'attachent de plus en plus à cela. Je pense aux Allemands notamment qui travaillent toujours plus sur la coordination, la motricité. Forcément cela donne plus de joueurs techniques.

L.F. : Depuis France 98, on a l'impression qu'il y a moins de joueurs techniques…

G.H : Comme tu le sais, cette équipe de France a gagné grâce à sa défense et à son milieu. Il n'y avait que trois joueurs offensifs sur

Francis Borelli et Luis

Victoire Euro 1984

Basile Boli et Luis

demi-finale Euro 1984
France/Portugal

Finale coupe
de France 1982
PSG/Saint-Etienn

Champions de France 1986

Luis au Matra Racing

Quart de finale de la
Coupe du monde 1986
France/Brésil

Coupe d'Europe des vainqueurs de coupes 1996.
Michel Denisot, Luis, Bernard Lama et Éric Blondel

Entraîneur à l'Athletic Bilbao

Ronaldinho et Luis

Didier Deschamps et Luis

Luis et sa femme Audrey

avec ses deux fils Romain et Johan

« Luis Attaque »

ses autres passions...

le terrain à partir des quarts de finale. La force de l'équipe venait donc de son bloc défensif.

Tu as eu derrière ce succès, forcément, des jeunes qui par identification ont voulu être milieux ou défenseurs.

L.F. : Mais il y a deux sortes de milieux de terrain…

G.H. : Oui, le défensif strict et le gars plutôt relayeur capable d'aller vers l'avant comme Steven Gerrard ou toi quand tu jouais. Aujourd'hui, Toulalan peut faire ça. Dans l'équipe de France 98, il y avait quand même Manu Petit qui disposait d'une très bonne technique.

France 98 est, selon moi, plus un choix tactique. La France n'a pas joué comme cela par défaut. Elle avait les joueurs pour jouer autrement.

Cette approche tactique a néanmoins donné d'excellents résultats et fait avancer le football français.

L.F. : Quels sont les éléments importants selon toi, en ce qui concerne l'évolution du jeu…

G.H. : À mon sens, et c'est très clair, le joueur doit évoluer vers, premièrement, la technique et, ensuite, la vitesse !

Le très haut niveau, c'est d'abord des qualités techniques et athlétiques au-dessus du lot. Il faut résister à la pression permanente, au pressing de plus en plus fort, grâce à sa technique. Le physique, seul, ne peut plus suffire, il doit être combiné à la puissance et donc, je le répète, à une excellente technique. Il faut désormais agir vite et bien dans des espaces restreints. Voilà les atouts internationaux de demain.

Le podium du dernier Ballon d'or illustre d'ailleurs bien ce propos : Kaka, Ronaldo et Messi, tu peux même ajouter Drogba…

Aujourd'hui, toutes les équipes se replient très vite. Même Lyon ne se « promène pas » quand il joue Croix de Savoie en Coupe. Se regrouper vite, jouer en bloc, beaucoup peuvent le faire.

L.F. : Justement, les entraîneurs n'ont-ils pas comme base de d'abord bien défendre, en partant d'une réflexion autour du « bloc équipe » ?

G.H. : La Coupe du monde 98 a montré en France qu'on pouvait gagner avec une bonne défense, une bonne organisation. Cela a forcément créé un courant de pensée.

Mais je voudrais passer à un autre point important de l'évolution du jeu. Derrière nos considérations sur la victoire de 98 et sur ce qu'elle a engendré, il faut avoir à l'esprit que le foot évolue de plus en plus inexorablement vers un spectacle. Tu ne peux plus entraîner au haut niveau sans prendre en compte cette donnée selon moi désormais fondamentale.

La notion de ce que les Anglais appellent « *entertainment* », le divertissement. Si tu joues comme le faisait Tomislac Ivic, avec tout le respect que j'ai pour lui, tu es cuit. Ce n'est plus possible à notre époque.

L.F. : Comme Ivic ou comme Ricardo ?

G.H. : Oui exactement, tu vas au devant de gros problèmes et je crois même que tu finis par être viré.

L.F. : Même si Ricardo change et évolue...

G.H. : Je lui souhaite parce que sa méthode initiale ne peut plus fonctionner.

Concrètement, tout cela veut dire que si, dans l'après-midi, tu assistes devant ta télé à un match de Manchester, d'Arsenal, que tu passes ensuite à Milan/Roma ou encore à Bayern/Werder puis à un match du Real, du Barça et que enfin tu termines par Nice/OM, eh bien t'as intérêt à ce que ton Nice/OM soit de qualité. Sinon, peu à peu tu es mort. On ne te regarde plus.

Tu ne peux donc pas passer sous silence l'aspect spectacle, c'est désormais impossible. Créativité, inventivité sont par conséquent des éléments capitaux. Tu dois prendre en compte la réaction du public.

L.F. : Et on ne parle pas là de faire du spectacle pour faire du spectacle...

G.H. : Évidemment, il faut également être efficace. Reste à avoir les joueurs pour répondre à cette attente...

L.F. : Parle-nous à présent de tactique et des évolutions récentes majeures.

G.H. : Aujourd'hui le pressing et comment en sortir, comment avoir le temps de jouer, c'est ce qu'il y a de plus important.

Je ne vais rien t'apprendre en te disant qu'il n'y a que trois postes où les joueurs ont un peu d'espace. Les deux latéraux et le gars devant la défense. À ces trois postes, il te faut de très bons techniciens pour une bonne utilisation du ballon. Il faut, à partir de ces positions, être capable d'orienter le jeu.

Le mec qui est devant la défense est le plus important. C'est le Pirlo du Milan AC.

L.F. : C'est le Guardiola du Barça de Cruyff...

G.H. : Évidemment, et c'est lui qui fait bouger les choses. Tu l'as fait, toi aussi, au PSG avec Bravo. Et c'est difficile de bloquer ce joueur. Tu peux demander à l'un de tes attaquants de le faire mais, généralement, il ne tient pas plus de vingt minutes car pour lui ce n'est pas naturel. Il faut demander à un milieu de monter sur lui mais, comme il est bas, cela comporte un risque de faire monter ton milieu trop haut. Fabio Capello avec Milan, quand il bat le Barça en finale de la Ligue des Champions en 1994, a parfaitement réussi à faire cela.

Mais, je le répète, dans le football moderne, c'est de ce poste que l'action part. Même à notre époque au PSG. J'avais un travailleur, Poullain, et toi capable d'être le premier meneur de l'équipe. C'est de toi que partaient beaucoup d'actions.

Et le milieu de terrain doit être composé de joueurs qui savent jouer comme ça. Il en faut un, au moins. Tu peux avoir le récupérateur au sens strict, celui qui va prendre le ballon et le donner tout de suite en passe courte, mais il faut aussi et surtout avoir le gars qui va faire avancer le jeu. Gerrard, Lampard, Pirlo.

Ensuite, quand tu passes dans le camp adverse, que tu approches du but adverse, la différence se fait dans ta capacité à éliminer sur les côtés dans les vingt-cinq mètres adverses. Que ce soit avec tes latéraux ou tes ailiers, il faut que tes gars puissent faire la différence. Le dribble, la frappe de loin, le dédoublement. C'est la prise de risque qui prime. La technique doit te permettre d'aller dans le dos de la défense.

L.F. : Quels sont les joueurs que tu pourrais citer et qui répondent à cette description ?

G.H. : Ben Arfa, Henry, Rothen par exemple. Mais il y en a beaucoup, Messi, Cristiano Ronaldo. Et il ne faut pas confondre ces joueurs avec ceux qui peuvent te mettre un bon ballon mais qui ne vont pas réussir à éliminer. Regarde Ryan Giggs à Manchester. Il est quand même âgé maintenant mais, à gauche, Ferguson ne trouve pas mieux.

L.F. : Mais avoir des joueurs sur le côté n'est pas une fin en soi…
G.H. : C'est exact. Regarde Milan. Tu n'as pas de joueurs «de côté». Les latéraux s'en occupent. Après, tu as des gars capables de créer partout. Pirlo, Kakà et même Seedorf. La qualité technique est partout dans l'équipe, ça aide.

L.F. : À travers tes explications, je ne retrouve pas bien l'équipe de France actuelle.
G.H. : Devant la défense, Vieira a longtemps fait partie des meilleurs dans la capacité à se projeter vers l'avant. Le problème c'est qu'on ne sait plus très bien où il en est physiquement, aujourd'hui.

L.F. : Où tu mets Deschamps ?
G.H. : Au début de sa carrière, sur quatre ballons récupérés, il en perdait trois ! Mais ça a vite changé. Très vite, sur les quatre, il n'en perdait plus qu'un et celui qu'il perdait, il se battait pour aller le chercher. Sur le terrain, il ne lâchait rien. Il se battait tout le temps.

L.F. : Il parlait, voyait, organisait. C'était un vrai leader. Il connaissait ses limites, et ça c'est un gros atout. Son palmarès parle pour lui.
G.H. : Oui, je suis d'accord et puis, même techniquement, ce n'était pas aussi médiocre qu'on a bien voulu le dire. Beaucoup de milieux de terrain d'aujourd'hui que je ne te citerai pas aimeraient bien disposer de sa technique…

L.F. : Quels sont les pays qui cherchent à innover aujourd'hui ?
G.H. : Ce sont souvent les pays qui ont connu des crises au niveau de leur football. L'Allemagne est dans ce cas. Ce pays prépare de très bons footballeurs. En France, on a beaucoup bossé sur les échecs du début des années 90. Rater les Coupes du monde 90 et 94 nous a poussés à réfléchir.

Et nos innovations, notamment la préformation dont je te parlais, a rapidement porté ses fruits. À partir de 1996, la France dans toutes les tranches d'âge a beaucoup gagné. Derrière le Mondial 98 et l'Euro 2000, il y a beaucoup d'autres titres.

L.F. : Le manque de travail en amont, c'est ce qui explique les carences du foot anglais au niveau national ?

G.H. : Oui c'est vrai. On ne travaille pas assez la formation là-bas. Alors c'est vrai aussi qu'ils sortent quand même des joueurs de très haut niveau : Rooney, Owen, Terry, Gerrard. Mais les manques qu'ils ont dans leur formation ont souvent comme conséquence un nombre accru de blessures.

Il n'y a pas de culture de formation dans ce pays. Certains grands joueurs anglais ont du mal à rester au plus haut niveau longtemps.

L.F. : Un pays rarement voire jamais en crise, c'est l'Italie ! Quelle analyse tu fais de ce football ?

G.H. : C'est un championnat que j'aime bien mais, au cours d'un match, ça joue en gros pendant vingt à trente minutes. Ces minutes peuvent être de très, très haut niveau, mais ce n'est pas intense dans l'ensemble.

La différence dans ce football se fait au niveau de la mentalité. Le concept de « gagne » est ultra-développé. Vaincre est plus important que tout le reste. C'est une culture ancrée dans chaque joueur italien. Et puis au niveau de la formation, là encore, il y a une vraie culture. Leur centre technique national de Coverciano fonctionne très bien. Ils ont une forte culture dans la formation des entraîneurs et donc des joueurs.

Après, si on parle de motivation, on peut dire que le Français a souvent une motivation fluctuante. Il est bon, dos au mur, dans une position a priori inférieure. L'Italie et l'Espagne un peu en-dessous ont cette « *grinta* » naturelle.

L.F. : On a parlé des joueurs, évoquons à présent la formation des entraîneurs. Tu ne crois pas que la tendance a longtemps été de construire les équipes en partant de derrière. Cela a été une constante dans notre football. On a formé des entraîneurs à ça. Leur première mission étant de battre une défense renforcée, de faire déjouer l'autre.

G.H. : Et l'avenir est de former des entraîneurs qui vont faire évoluer le jeu vers l'avant. La formule, c'est « risque-business ». Il faut prendre des risques, de plus en plus. Aller vers le déséquilibre, on y est obligé. Et c'est vrai qu'en France aujourd'hui, on ne tend pas vers ça. La peur de perdre, de perdre son poste, je ne sais pas. Reste que, pour l'instant, on est en retard.

Mais je suis sûr que le très haut niveau doit te pousser à aller vers ce déséquilibre, la prise de risque. Toutes les équipes sont organisées. Toutes savent désormais défendre, c'est désormais à la portée de tout le monde. Il faut donc tenter autre chose.

L.F. : Et quand Pablo Correa, à Nancy, déclare que « si tu veux du spectacle, il faut aller au cirque »...

G.H. : Je réponds qu'il n'a aucune chance d'entraîner au plus haut niveau en pensant comme ça. Un club comme Lyon, par exemple, ne peut plus se contenter de gagner. La notion de ne plus gagner pour gagner est devenu primordial. C'est comme ça au Real, à Milan, en Angleterre... et même à Lyon. La notion de spectacle est devenu inhérente au foot. Maintenant dans une ville, dans un club comme Nancy, peut-être que la victoire, seule, est suffisante... Mais tu ne peux plus demander aux gens de venir au stade, de payer une place de plus en plus cher et de s'ennuyer.

En outre, sache quand même que les joueurs préfèrent prendre des risques, préfèrent jouer. Après, c'est l'entraîneur qui assume ces risques.

Maintenant j'ai conscience que tout cela peut se heurter à la qualité de tes joueurs. Si tu n'as aucun joueur capable de prendre des risques, d'attaquer, eh bien tu miseras sur le bloc, la défense. Pour gagner une Coupe, sur une courte période, le « gagne-petit », ça peut marcher mais sur la durée d'un championnat, c'est l'équipe qui a le plus d'atouts offensifs qui s'en tirera le mieux.

Tu as beaucoup parlé des joueurs et de leurs choix de carrière pas toujours bons, pas assez réfléchis. Voilà une idée pour toi : organiser une structure qui te permette de parler de ça avec des joueurs. Un conseil en carrière en quelque sorte...

Oui, ce serait une bonne idée, une école, un centre de formation du « hors terrain ». Comment gérer sa carrière, faire les bons choix. Comment appréhender le rapport avec les médias. Il y aurait beaucoup à faire dans tous ces domaines.

Et tu procéderais de quelle façon ? Avec une société privée ?

Oui ou mieux, en partenariat avec les instances du foot français. Aux quatre coins de France, tu crées des structures, comme des centres de formation, où le jeune joueur vient pour apprendre à penser, à gérer son avenir. Tu lui parles économie, problèmes juridiques. Tu évoques même son après-football.

Quand j'ai arrêté ma carrière en 1992, j'avais déjà eu cette idée. J'en avais même parlé à Noël Le Graet qui était alors à la tête de la Ligue. À l'époque, il y avait moins d'agents qui tournaient autour des joueurs. Ceux-ci proposent leurs services à des joueurs très jeunes aujourd'hui. Et je ne suis pas sûr que ces agents soient tous très compétents. Aller à la rencontre de ces jeunes joueurs, leur faire part de mon expérience, ça me plairait.

Mais tu es devenu consultant, ce qui semble être aujourd'hui la reconversion privilégiée pour beaucoup...

Oui, mais tous les anciens joueurs qui s'y lancent ne sont pas bons. Il faut marier la liberté de parole sans pour autant donner l'impression d'être un vieux con aigri. Dugarry, Deschamps sont excellents. Celui qui me donne l'impression d'être aigri, c'est Bernard Lama. C'était un super champion, un des joueurs les plus exemplaires que j'ai connu. Mais en consultant, ça ne passe pas. Je crois qu'au fond de lui, la cicatrice Barthez ne s'est jamais vraiment refermée. Plus globalement, à son sujet, je ne comprends pas qu'il ne bosse pas dans le foot. Il pourrait largement faire ce que fait Joël Bats. Il devrait être dans un club. Avec ce qu'il sait, avec son intelligence, il apporterait forcément quelque chose.

Des consultants qui ne sont pas toujours bien vus par les joueurs...

Oui, on a du mal avec la parole de l'ancien chez nous. Mais bon, moi je paye mon abonnement au Parc, j'ai le droit de parler, non ? Eh oui, ça te surprend peut-être mais je paye un abonnement. Je me suis ouvert le cul pour ce club, je devrais être invité à vie, non ?

Au PSG, je milite même pour un collectif de gens qui aiment le club. Ils se retrouveraient pour discuter. Les membres payeraient une cotisation sur le mode de ce que font les « socios » en Espagne. J'aime ce système. Les gens s'impliquent. Ça permet de faire réagir les responsables en place et c'est aussi un moyen de pression. L'idée serait celle consistant à dire : je paye un abonnement et je veux donc avoir un droit de regard. On pourrait alors juger de la compétence des hommes. Un système électif, c'est la démocratie après tout.

Cela pourrait resserrer les liens entre les clubs et les passionnés. L'écart entre les acteurs et ceux qui viennent au stade se creuse de plus en plus. Les joueurs même médiocres se pensent inaccessibles et sont déconnectés de la réalité. La cassure est proche entre le public et ces joueurs qui souvent (en France en tout cas) sont trop bien payés par rapport à leur niveau. C'est comme une fracture sociale. Un joueur, un club ne devraient jamais oublier que ce qu'il y a de plus important, c'est le public : ces gens qui viennent au stade et qui payent ! Pour ça, ils méritent une attention particulière. C'est pour ça que le système espagnol m'a toujours plu. Les socios élisent l'équipe dirigeante et celle-ci a des comptes à rendre. Joueurs et dirigeants, chez nous, travaillent trop souvent sans cette idée de « compte à rendre ». Que vaut le foot sans le public ou les supporters ?

Tu n'as pas peur qu'on pense de toi que tu es un « vieux con » ? Avec cette idée, souvent sous-jacente dans tes propos, que « c'était mieux avant » ?

Et alors ? J'ai une autre perception des choses, c'est grave ? C'est vieux con de dire que le joueur était plus accessible avant ? Qu'un mauvais joueur n'accédait pas au rang de star en deux matchs ? Qu'il fallait travailler plus pour gagner ce que les gars gagnent aujourd'hui en très peu de temps ? Que les joueurs pétaient les plombs un peu moins ? Dans ce cas-là, d'accord je suis un vieux con et je m'en fous ! Je te laisse ton modernisme et ton progrès.

C'est vieux con de ne pas accepter que, quand tu entraîne, un grand club comme Paris, tu ne sois pas libre de gérer ton effectif comme tu l'entends parce que, la veille du match, l'une de tes stars doit tourner une pub ? Critiquer ce système et ses dérives, c'est ne pas être moderne ?

Que quelqu'un vienne me dire comment j'aurais dû gérer Ronaldinho de façon « moderne ». Qu'on vienne me le dire, j'attends !

Le temps finit toujours par te remettre à ta place.

J'entendais récemment Christophe Dugarry, un très bon consultant, dire que Ronnie n'arrivait plus à passer en un contre un. Son implication, son travail seraient-ils en cause? Eh oui ! Je ne suis peut-être pas si con finalement…

Les supporters? Bien sûr que c'est important pour un club! C'est même un sujet très important. Une donnée vitale dans la vie d'un club. C'est un élément que, globalement, on ne respecte pas assez selon moi. Les gars font des voyages, dépensent de l'argent pour suivre leur club. Je t'assure que, pour certains, ce sont de vrais sacrifices. Et parfois, ils rentrent tête baissée, humiliés parce que leur équipe à joué comme de la merde. Le pire alors, c'est quand les joueurs ne viennent même pas les saluer, qu'ils s'enfuient et se dépêchent de rejoindre l'aéroport où les attend leur avion privé. Il faut un peu plus de respect par rapport à ces supporters, merde!

Dans un stade, si tu n'as pas d'ambiance, si tu n'as pas le bruit, les tifos, le club n'a pas la même valeur. Et je te parle là en termes économiques. On va au stade pour ça aussi! Si tu transformes le stade en théâtre, tu auras moins de monde, ou alors tu changes de public. Si tu n'as plus un public populaire, tu changes la nature même de ce sport. Et, à mon sens, cela doit rester populaire. Ce qui détermine aussi la valeur marchande d'un club comme Liverpool, c'est l'ambiance d'Anfield. La chanson *We'll never walk alone* vient des supporters. C'est une donnée économique importante, si tu analyses bien les choses. C'est pour ça que je te dis que les supporters font partie du club. On les méprise souvent ou on les sacrifie sur l'autel du foot-business, mais sans eux le foot perd de sa valeur.

Ce sacrifice dont tu parles est souvent l'œuvre de ceux qui redoutent le poids des supporters, et surtout l'insécurité...

Mais les incidents sont toujours l'œuvre d'une minorité. Et c'est un problème de police. Certes, le foot engendre souvent de la violence mais je répète c'est un petit élément de l'ensemble.

Sur un stade de 50 000 places, c'est une infime minorité qui est impliquée, ou sujette à violence. Pas plus. Cela ne doit donc pas conduire à rompre le lien avec les supporters. Je veux que le foot reste populaire. Sans les supporters, le foot n'existe plus. Le foot, sa popularité, son universalité, c'est le stade plein, l'ambiance, la pression. C'est ça l'histoire du foot.

Je te parlais de Liverpool, mais en France le PSG et l'OM ne sont pas les mêmes clubs sans leurs supporters, sans cette force populaire derrière eux. Je suis toujours épaté de ce qu'ils sont capables de faire, de leur soutien. Les encouragements, la fidélité aux couleurs... On les traite de plus en plus comme des clients. Quand le stade ne sera rempli que de clients, alors on aura changé de sport.

L'hommage qu'ont rendu les supporters parisiens suite à la mort de Francis Borelli était très émouvant. Auteuil est une tribune qui n'a pas connu Borelli, mais ce qu'ils ont fait ce jour-là était vraiment génial. Ils avaient intégré l'histoire du PSG. Ils font partie de la grande famille du club.

Comment réagissent les joueurs face à la passion des supporters ?

Sauf exception, sauf si eux aussi ont été des supporters avant, les joueurs ne respectent que très rarement tout cela. On embrasse l'écusson à tout va, mais derrière, il y a quoi ? Un changement de club quelques mois plus tard ? Combien accomplissent ce geste en pensant vraiment à ce qu'il font ? Parfois j'ai envie de leur dire : « Ne le fais pas, ne fais rien, personne ne t'oblige à le faire... » Le turn-over au sein des effectifs est tellement important qu'il est de plus en difficile de créer un lien entre un joueur et un club. Et quand dirigeants, entraîneurs, joueurs passent, restent alors le club, en tant qu'institution, et les supporters !

Tu sais, il y a des joueurs qui, quand ils signent un contrat, font mettre une clause qui prévoit un départ deux ou trois ans plus tard. En gros, je signe aujourd'hui et je sais quand je vais partir. Comment, dans ces conditions, s'attacher à un club, comment se donner la chance de vivre une belle aventure, de s'inscrire dans l'histoire d'un club ? Je crois d'ailleurs que ce que je viens de dire est le cadet des soucis du joueur pro d'aujourd'hui. La plupart raisonnent en terme de plan de carrière. Mais heureusement, il reste des joueurs attachés à ces valeurs : Raùl, Gerrard, Totti, Maldini, en France des joueurs comme Rothen, Cana sont très proches de ces valeurs...

Pour parler des supporters, de ce qu'ils vivent, de la manière dont ils ressentent l'évolution du foot, je propose à Luis d'en rencontrer un. Philippe Perreira est supporter du PSG, mais son propos serait, à n'en pas douter, repris par beaucoup de fans d'autres clubs, même de l'OM. Les propos de ce supporter n'engagent, bien sûr, que lui.

Luis Fernandez : Quelle est la nature des relations que vous souhaitez entretenir avec le club aujourd'hui ?

Philippe Perreira : Le dialogue est vraiment bon entre le président Cayzac et nous. On est considérés, on accepte de nous rencontrer. Tout cela est important pour nous. C'est ce que demandent la plupart des supporters. Si on nous parle, si on explique le projet, si on nous laisse entendre que notre avis sera pris en considération, alors on participe à la vie du club. Cette implication est extrêmement importante pour nous. Les mauvais résultats passent alors au second plan.

Il faut quand même savoir que, dans le passé, on a le plus souvent été pris pour des « baltringues ». En gros c'était : « Ferme ta gueule quand tu chantes ! » Certains voient même les supporters comme des clients. Il arrive aussi qu'on essaie de nous instrumentaliser politiquement. Aujourd'hui, à la mairie de Paris, un type comme Pascal Cherki cherche à monter, au Parc des Princes, la tribune Auteuil contre la tribune Boulogne. Mais le climat est sain et la relation avec le club est bonne.

L.F. : Selon moi, les supporters font partie intégrante du club. On ne peut pas sous-estimer leur importance, et sans eux, je pense qu'il n'y a plus de football...

P.P. : La plupart des supporters, peu importe le club qu'ils soutiennent, voient le foot de la même façon. Nos critiques vont vers le foot-business dans ce qu'il peut avoir d'outrancier, mais aussi à la déconnexion foot-réalité. Au fond, on est tous des nostalgiques. Le foot engendre sans cesse une forme de nostalgie, celle du foot familial. Quand tu pouvais boire un verre avec un joueur... Au PSG, ça a existé, mais ailleurs aussi, à Lens entre autres. Il y a ceux qui l'ont connu. Et ceux qui n'ont pas vécu ça entendent parler les autres et s'approprient l'époque. Au final, on vit tous dans cette nostalgie. Le côté familial plaît, on regrette l'époque Borelli, la proximité. Aujourd'hui on a Cayzac comme président, un homme qui a toujours été là ! Donc, on y tient !

Récemment le club a viré Saar Boubacar[1]. Je ne comprends pas qu'on le vire, c'est un historique du club. Je me demande pourquoi on a fait ça. Peut-être parce qu'il ne joue pas assez bien au golf pour suivre Alain Roche et Éric Pécout !

Je ne connais pas un supporter qui, sur ces questions, ne fonctionne pas de cette façon. On défend tous l'idée que le joueur doit tout donner sur le terrain pour les couleurs du club, pour nous. C'est comme une forme de respect. Ça, c'est aussi quelque chose que tous les supporters veulent. À la limite, je vais te dire, l'argent que les joueurs gagnent, on s'en fout. C'est un problème uniquement quand ils ne nous respectent pas. On estime alors qu'ils se foutent de notre gueule. Les joueurs trop payés, ça existe évidemment. Quand tu vois certains joueurs, tu te demandes s'il ne faudrait pas une échelle des salaires, une charte. Certains ne valent pas la moitié de ce qu'ils touchent.

Reste qu'il y a des illusions qu'on ne se fait pas ou plus. On sait bien qu'on ne va pas boire un verre avec les gars aujourd'hui.

Dernier élément commun à tous : les supporters aiment les jeunes qui sortent du centre de formation et qui arrivent en équipe première.

L.F. : Au PSG ça a existé. Pilorget, Lemoult, moi… et beaucoup d'autres. Ça renforce le côté identitaire…

P.P. : Oui bien sûr, ce sont des valeurs importantes pour nous. Mais le gars qui va rester longtemps au club sera tout aussi apprécié. Ce qui est sûr, c'est que certaines attitudes sont déplorables. Je me souviens d'avoir eu connaissance des contacts entre Pedretti et le PSG. Le joueur demandait des clauses dans son contrat qui étaient

---

1. Saar Boubacar est un ancien joueur, devenu membre du staff technique.

aberrantes ! Ça donnait quelque chose dans le genre : si je pars au bout d'un certain temps, je gagne plus d'argent que si je reste...

L.F. : L'identité reste un truc auquel vous tenez...

P.P. : Les traîtres, on n'aime pas ça. Lorik Cana, quand il était jeune au PSG, m'avait dit qu'il voulait un jour jouer à Marseille. Il a été formé chez nous, mais son club c'était l'OM. Je préfère un type franc comme lui. Et puis, là où il est, il joue à fond donc les supporters aiment ça.

Landreau, Rothen sont des joueurs qui respectent les supporters, ils viennent toujours nous voir. Un type comme Pauleta est dans son monde, je crois que, fondamentalement, il se fout de ce qui se passe autour de lui. Il bosse et c'est tout ! Le foot, c'est un travail pour lui. Mais, à la limite, on s'en fout, on l'aime parce qu'il joue bien. Il ne triche pas.

Maintenant, ce qu'on veut c'est que les joueurs viennent saluer les supporters, surtout à l'extérieur... ça semble tellement élémentaire ! Et pourtant, c'est rare. Rothen, on sait qu'il veut rester et qu'il aime le club. Évidemment, ce genre de joueur plaît aux supporters. Et ça, c'est commun à tous les clubs.

On voit très vite ceux qui sont sincères ou pas. Mais la grande majorité signe des contrats pour le blé, on le sait, on s'y fait sans amertume. Des joueurs qui signent trois ans et qui ne veulent plus bouger, on en connaît. Bernard Mendy ne veut pas quitter le club, il gagne bien sa vie, pourquoi partir ? Et puis, il y a ceux qui visent la stabilité pour leur famille.

L.F. : Parle-nous des ULTRAS. Quel est ton avis sur le sujet, sur la violence dans le foot ? Pour moi, ça reste incompréhensible et évidemment condamnable...

P.P. : Cette violence dans le foot est très difficile à éradiquer. Aujourd'hui elle s'est globalement déplacée hors des stades, mais elle a le foot comme prétexte.

Je pense même que cette violence est mieux organisée. La politique, l'extrémisme ne sont que très rarement des motifs de *fight* (bagarres). Lors de certaines rencontres, les ultras reçoivent des « invitations » au contact. Tout s'organise par téléphone. Les leaders ultras se connaissent et échangent leurs numéros. Il leur reste ensuite à déjouer l'éventuelle interception de la police. C'est pareil en Angleterre, en Italie, partout. En Angleterre, on croit que cela n'existe plus parce qu'on a nettoyé la vitrine. La Premier League brille de mille feux. Mais à l'extérieur, loin du stade, les *fight* existent toujours, en deuxième ou troisième division. Et ça existe aussi au Portugal, aucun pays n'est épargné.

Dans les stades, c'est plus propre parce qu'avec les nouvelles législations personne ne veut être interdit de stade. En Angleterre comme à Paris, tu risques très gros. Alors, ça se passe loin des stades.

En Angleterre, on a décidé de ne plus en parler. Ce n'est plus un sujet pour les médias. On en a trop parlé pendant longtemps. Là, ça se passe loin du stade, alors on passe ça sous silence. C'est étouffé, mais sur les sites Internet, tu retrouves tout!

En Italie, ils sont débordés en ce moment. Mais ils n'ont pas encore les armes législatives pour éloigner le problème du stade. Récemment il y a eu encore un mort en Italie. Et ce qui s'est passé avec ce supporter est similaire à l'histoire de Julien Quemener, le supporter du PSG qui s'est fait descendre l'année dernière. Pour éclaircir ce qui s'est passé, on a demandé des rendez-vous, et on les a obtenus, avec tout le monde. Aucun média n'en a parlé d'ailleurs. On s'est entretenus avec le président de la Ligue, Frédéric Thiriez. Il nous avait même promis une minute de silence… en vain. Tout le monde sait ce qui s'est passé, tout le monde sait qu'on est très loin de la version officielle. Mais le contexte a fait qu'on ne pouvait plus faire machine arrière. Politiquement c'était impossible.

L.F. : À un moment, quand tu te mets dans une telle situation, tu prends un risque énorme. Tu prends le risque qu'un truc dans le genre arrive, non? Pour Julien comme pour le gars en Italie.

P.P. : Oui, c'est vrai dans les deux cas. Quand une bagarre éclate sur une aire de repos ou ailleurs et que la police arrive, tout devient possible. Tu joues, tu te brûles! Au départ, il y a un code d'honneur. Les ultras se battent sans armes, sauf cas rares. Ils ne sont pas censé se retrouver au sol avec une balle dans le corps.

L.F. : On est, là, quand même très loin du foot…

P.P. : Tous adorent le foot. Tous ces mecs sont des passionnés. Le club est comme une identité, comme une petite nation à défendre.

Et quand tu vas à l'extérieur, eh bien tu dois conquérir, c'est complètement basique. Tu portes le drapeau partout. La mentalité ultra ou hooligan, c'est d'aller au contact. À l'arrivée, il y a beaucoup de respect entre eux. Sur Internet, suite à une bagarre, tu peux lire des choses du genre : « Merci, vous nous avez honorés »... C'est un monde à part.

L.F. : À Paris, la situation semble plus apaisée, c'est une réalité ou ce n'est qu'une impression ?

P.P. : Ça arrangerait bien du monde qu'il se passe des choses... À la mairie, ils n'attendent que ça ! Que ce soit le bordel, pour enfin tout raser et aller au Stade de France. Collony Capital aussi, du reste, aimerait aller au stade de France... Oui, c'est calme à Paris. Il y a un bon président. Mais s'il est viré par l'actionnaire, là ça pourrait être le bordel. Les intentions de notre actionnaire, on les connaît. Il ne veut pas investir car son but c'est de revendre à moyen terme, donc de valoriser le club mais sans prendre de risques. Envisager de meilleurs résultats devient donc difficile, on n'a pas les joueurs pour ça !

L.F. : Combien tu payes l'abonnement ?

P.P. : Le prix a baissé, mais si tu veux dire qu'on n'en a pas toujours pour notre argent, oui tu as raison. Reste que le prix a baissé et qu'un tel geste, c'est rare et c'est encore une fois Cayzac qui l'a eu ! Avoir des interlocuteurs face à soi, c'est nouveau. Et même si, je le répète, la mairie de Paris aimerait qu'il y ait du bordel au Parc, cette nouvelle relation a même fini par donner lieu à une entente cordiale entre Boulogne et Auteuil.

L.F. : Avez-vous des rapports avec les joueurs ? Acceptent-ils le dialogue ?

P.P. : Certains oui. Ce n'est pas aussi fermé qu'on peut le penser. Les rencontres existent. Et quand on leur parle, on voit si les mecs sont faibles ou pas. On a beau leur dire : « Jouez libérés, on ne vous met aucune pression », ça ne marche pas toujours. Un mec comme Sylvain Armand n'est pas super fort mentalement, ce n'est pas un leader. Mais bien entouré, c'est un super joueur. Et là, on revient au fameux profil pour jouer à Paris.

L.F. : À mon époque, il y en avait aussi des faibles… Alain Roche était loin d'être un costaud mentalement. Mais il était bon parce que bien entouré, avec Ricardo à côté de toi, tu es mieux !

P.P. : À mon tour, si tu le permets, de te poser une question pour finir. Tu aimerais revenir au club, n'est-ce pas ?

L.F. : Tout le monde sait que je ne l'exclus pas, j'aime trop ce club !

Septembre 2007, la Coupe du monde de rugby débute et ça le passionne. Pendant quelques semaines, Luis parle autant de rugby que de foot. Lui qui fréquente régulièrement le Stade Jean-Bouin est absorbé par l'événement. Il se sent proche de Bernard Laporte, une raison de plus, s'il en fallait une, de se passionner pour ce Mondial 2007.

Le premier match et la première défaite contre l'Argentine calment l'enthousiasme général. Luis cherche une explication à cette déroute aussi surprenante qu'imprévisible.

Ce matin de gueule de bois sportive, au café, nous sommes rejoints de façon inattendue par Denis Charvet, ancien grand joueur du XV de France et ami de Bernard Laporte. Le débat s'anime. Luis souhaite trouver du réconfort dans les propos de Charvet. Mais cette défaite inaugurale, est pour l'ancien international, insurmontable. Alors que tout le pays s'est converti au rugby, que tout le monde ne parle plus que de ça, que l'accent du sud-ouest n'a jamais été autant à la mode, j'apprends que la France ne gagnera pas «sa» Coupe du monde. Luis acquiesce. Le sujet dévie très vite vers «l'aventure humaine» que représente une longue compétition. Faire, construire un groupe, voilà la base de tout pour ces deux anciens champions.

Et Charvet de préciser au lendemain de cette désillusion: «Vivre huit semaines ensemble, c'est très difficile. Faire accepter à un sportif de haut niveau qu'il sera remplaçant, le garder en éveil dans l'intérêt général, c'est la tâche la plus ardue pour un entraîneur.» Denis Charvet a connu une belle histoire avec la finale de la Coupe du monde en 1987, la première disputée en Nouvelle-Zélande. «Le groupe n'était pas aussi soudé que le résultat final peut le laisser penser. C'est la victoire qui garde le groupe uni sinon, j'en suis sûr, ça part en couilles. Comment faire pour mettre dans la tête des gars qui ont fait la même préparation que toi qu'ils ne vont pas jouer? Être sélectionneur, entraîneur, est vraiment un métier difficile. La part de psychologie est primordiale. Pour parvenir à la cohésion idéale dont on parle beaucoup, il faut savoir doser entre le pas assez et le trop. Peut-être que Bernard en a trop fait avec la lettre de Guy Môquet. Cela peut se retourner contre lui...» explique Charvet.

«Le mythe du tous ensemble est souvent un gros pipo, ajoute Luis qui précise: en 1986, le groupe au Mexique est sain. Une équipe de titulaires se dégage tellement clairement que la situation est parfaitement acceptée par les autres. Jamais, sinon, ils n'auraient admis qu'on les surnomme "les coiffeurs". Tu sais que c'est de moi, cette expression. Parce qu'un jour, les remplaçants nous avaient coupé les cheveux. L'entente dans le groupe était idéale et on a passé de très bons moments tous ensemble.»

L'autre difficulté majeure, c'est d'être l'organisateur de l'événement. C'est un pays tout entier qui se mobilise et qui attend la victoire.

C'est dur de gérer une compétition que tu organises. J'ai connu ça en 1984. Et la pression ne devait pas être aussi importante que pour les Bleus de 1998 ou pour les rugbymen en 2007.

Le pays t'attend, c'est une sorte de rendez-vous avec l'Histoire ou plus modestement l'histoire de ton sport. En 1984, le foot français n'a pas l'habitude de gagner, loin de là. Mais il y a eu 1978 et 1982. La progression est évidente, alors on attend de nous le premier succès. L'acte fondateur, c'est la Coupe du monde 1978, suivie de l'incroyable parcours de 1982. Ces deux compétitions ont fait naître beaucoup d'espoirs. En 1984, l'équipe semble au sommet, à l'image de Platini. Il est en pleine forme. On verra d'ailleurs la différence deux ans plus tard à la Coupe du monde 1986 où il a joué blessé...

La Coupe du monde 82 a eu lieu en Espagne, tu faisais quoi à ce moment-là? Tu étais où?

J'étais en Espagne, en vacances, chez moi à Tarifa. Je me souviens d'avoir voulu aller à Séville pour la fameuse demi-finale contre l'Allemagne. Ce n'était pas loin de chez moi mais je n'avais pas de billet. C'est un rendez-vous manqué. Mais cette Coupe du monde et le parcours des Bleus me donnent alors envie d'intégrer ce groupe, d'être avec eux.

Ce que tu feras juste après ce Mondial, le 10 novembre 1982, à Rotterdam contre les Pays-Bas...

Oui, je débute le même jour que Jean-Marc Ferreri et François

Brisson. On gagne 2/1, Platini marque et je fais un gros match.

Je me suis intégré petit à petit dans cette équipe. J'étais le dernier arrivé, mais quand j'y suis entré, je n'en suis plus sorti. Je venais de gagner la Coupe de France avec le PSG. Le club et moi, on devenait un peu plus connus. Mais la star, c'est Platini évidemment. Il joue en Italie, et évoluer à l'étranger, c'est colossal à l'époque. Entre nous deux, le courant passe très vite. On se sent des affinités. Mais le premier joueur avec lequel un vrai lien se crée, c'est Manuel Amoros. C'est certainement dû à nos origines espagnoles communes...

Au milieu du terrain, je fais face à une concurrence assez forte. Il y a René Girard, Didier Christophe... et surtout Bernard Genghini. Le groupe sort d'une super Coupe du monde, et c'est lui qui a joué la compétition au milieu du terrain, aux côtés de Platini, Giresse et Tigana.

Quoi qu'il en soit, ce groupe est simple à intégrer. Et comme je ne suis pas timide, cela rend les choses plus aisées encore. Le fait de connaître quelques gars, dont Rocheteau qui joue avec moi au PSG, est également un avantage. Les autres évoluent tous en D1, ce ne sont donc pas des incconus pour moi. On se croise régulièrement sur les terrains du championnat. Ce n'est pas comme aujourd'hui où la grande majorité des joueurs de l'équipe de France évolue à l'étranger. Il n'y a que Platini qui ne joue pas en France. Et pour corriger ce que je te disais juste avant sur les stars, lui en est une, c'est la seule star du football français.

Je me sens donc bien dans ce groupe. Tout le monde est très sympa et dans l'ensemble l'ambiance est simple, saine, très bon enfant. C'était l'époque des rassemblements à Jouy-en-Josas. On est alors bien loin de l'esprit Clairefontaine, le footballeur n'est pas encore une star isolée.

Et puis il y a Michel Hidalgo! Cet homme m'a toujours impressionné. J'aimais sa façon de s'exprimer. À l'époque, on ne parlait pas autant qu'aujourd'hui de communication. Et lui était doué dans ce domaine. J'aimais beaucoup quand il nous parlait! Lors des rassemblements, au moment des réunions, je sentais une facilité chez lui qui me fascinait. Avec lui les problèmes en général, enfin le peu qu'il y avait, étaient vite réglés. Il n'avait pas besoin de hausser le ton. Il avait une facilité incroyable à captiver son auditoire. Je ne me souviens pas de l'avoir vu s'énerver une seule fois. Le groupe était soudé autour de lui. Quant à Michel Platini, c'était le leader. Il dégageait un truc fort. Il nous parlait beaucoup. Il avait toujours le mot juste pour chacun de nous.

Quand tu intègres l'équipe de France, tu es français depuis trois ans seulement, tu as joué avec les espoirs ?

Je suis effectivement français depuis peu. Les espoirs, je t'avoue que j'ai très peu de souvenirs. J'y suis passé trop peu de temps. Je sais que j'y avais retrouvé mon pote de chambrée du Camp des Loges, du centre de formation du PSG, Jean-Claude Lemoult. J'ai le souvenir d'un match en Arménie, en URSS à l'époque. C'était un long voyage, j'étais très excité par tout ça. Un type de notre délégation, pas un joueur, un officiel dont j'ai oublié le nom, un Corse je crois, avait trop fêté l'amitié franco-russe la veille de notre retour. À l'aéroport, il ne tenait pas debout, on a dû le porter pour passer la douane. Je me souviens aussi qu'on nous avait dit d'apporter des jean's parce qu'on pourrait les échanger contre du caviar.

Du caviar ? Mais tu connaissais ça ? Tu n'avais pas dû en manger souvent ?

Non bien sûr, mais on nous avait dit que c'était une super opération à faire, alors on est partis avec des jean's…

Revenons à cet Euro 84, organisé en France, qui va déboucher sur le premier titre obtenu par le football national.

C'est curieux mais je n'ai pas énormément d'anectodes sur cette période. J'ai surtout le souvenir d'un tournoi où tout a glissé comme il fallait, un mouvement naturel. Certes il y a eu la grosse émotion ressentie lors de la demi-finale face au Portugal mais, globalement, cette victoire semblait comme évidente. On était les plus forts, tout simplement.

Lors de cet Euro, la France gagne tous ses matchs. 1/0 contre le Danemark, 5/0 devant la Belgique et 3/2 face à la Yougoslavie. En demi-finale, les Bleus s'en sortent au terme d'un match haletant et jusqu'au bout indécis. À Marseille, la France bat le Portugal 3/2 après prolongation et après avoir été menée 2/1.

Au cours de ce tournoi, Michel Platini est extraordinaire. Il inscrit neuf buts en cinq matchs.

La grande nouveauté c'est que la compétition se déroule à domicile et que la France a un statut de favori. Mais cette position dans laquelle on était logiquement placés n'était pas synonyme de pression énorme. D'abord le foot n'était pas aussi important qu'aujourd'hui dans la société, ensuite le foot français était si pauvre historiquement qu'il était difficile d'attendre de nous la victoire et rien d'autre. On est à une époque où le sport français brille parfois mais ne gagne pas. La culture de la victoire n'est pas présente.

Cela dit, s'il faut qu'il y ait une première fois, ça doit être là. Notre équipe est forte et on sort d'une Coupe du monde réussie. D'ailleurs, des quatre demi-finalistes du Mondial 82, il n'y a que l'Allemagne et nous. Et encore, on dit que l'Allemagne n'est pas au niveau, ce qui se vérifiera du reste. Si tu ajoutes à ça la présence dans nos rangs de Michel, meilleur joueur du monde du moment, on peut légitimement prétendre l'emporter. Dans cet Euro, il y a la Belgique qui est alors une grande nation de foot, ça peut aujourd'hui paraître fou mais c'est vrai. L'Espagne est là aussi. Et puis le Danemark, le Portugal sont un peu les inconnus du Tournoi. Mais je le répète, on est au top. Outre Platini, le Ballon d'or qui focalise l'attention, il y a d'autres joueurs qui sont au sommet, comme Giresse ou Tigana. Les Bordelais forment l'ossature. En Coupe d'Europe, ils commençent à faire de bons résultats. Il y a aussi Bruno Bellone qui flambe avec Monaco.

La victoire n'a pas – en tout cas dans mon souvenir – engendré une liesse similaire à celle de la Coupe du monde 1998. Loin de là même. C'est le premier titre du football français, à un moment où ce sport n'est pas encore le phénomène de société qu'il va devenir. Quoi qu'il en soit, les souvenirs sont forts. Souvenirs d'une victoire maîtrisée, d'un succès annoncé.

La seule fois, le seul moment où j'ai senti de la tension, c'est dans le match d'ouverture face au Danemark. La rencontre est beaucoup plus dure qu'on ne le pensait. À la mi-temps, Michel est en colère. Et, je ne sais pas pourquoi, il se braque et dit que les Bordelais ne veulent pas lui passer le ballon. Il disait : Jeannot (Tigana) passe à Gigi (Giresse) qui cherche Lacombe. Comme s'il y avait une entente bordelaise, puisque le trio jouait ensemble en club. Dans le vestiaire, j'essaie de le calmer. Je lui parle, lui dis que ce n'est pas possible. Je lui sors ça de la tête, lui dis que c'est une absurdité, que ça n'a pas de sens. Le problème le minait quand même. Mais en 2e mi-temps, il se relâche, il marque, et son Euro est extraordinaire derrière.

La finale a quand même dû être un moment très fort pour toi. Un rendez-vous avec ton histoire…

C'est vrai, je joue l'Espagne, mon pays d'origine. D'ailleurs, à ce moment-là, j'ai été dans ma vie plus longtemps espagnol que français.

L'émotion était donc très forte avant, mais aussi pendant le match. J'ai toutefois réussi à évacuer tout ça. Grâce ou à cause des Espagnols d'ailleurs. Ils m'ont fait tout oublier, et ils m'ont motivé comme jamais. J'ai été insulté, traité de tous les noms, de traître, de fils indigne qui avait trahi son père. J'ai beaucoup souffert de ces mots ce soir-là ! Renégat, *renegado,* est l'insulte qui m'a le plus touché ! Ça, j'aurai du mal à l'oublier !

Et évidemment, tu comprenais. Ils parlaient ta langue maternelle…

Si je les comprenais ? Putain oui, j'avais envie de les tuer, c'était dur ! Mon père est mort quand j'avais six ans. Il a fait la guerre d'Espagne, et j'entends dire que je suis un renégat ! Si j'ai quitté l'Espagne, c'est parce que mon père est mort. Alors, être insulté comme ça, c'était insupportable. Quel rapport avec le reniement d'une origine, d'un pays ? Ma mère, mes sœurs, nous sommes tous espagnols. Qui est le traître ? Où est ce traître dont ils parlent ?

Cette finale est effectivement difficile psychologiquement, surtout au début. Cette finale France/Espagne, c'est encore un signe du destin, non ?

Tu vois cette finale, eh bien je ne vois pas bien contre quelle équipe on aurait pu la jouer. Moi qui crois aux signes, contre qui d'autre voulais-tu qu'on la joue ?

« Vous n'allez pas faire le coup des Minguettes, encore nous parler du petit Luis dans son quartier ? Il a quand même autre chose à raconter, non ? » Sans renier la promesse faite à Audrey Fernandez, passée nous saluer au café, il m'apparaît difficile de passer sous silence l'enfance et l'adolescence de Luis. J'avais donc répondu par un sourire à madame Fernandez, lui assurant que je ne poserais pas mille questions sur les parties de foot jouées à l'AS Minguettes. Reste que comprendre Luis, c'est aussi s'intéresser à sa jeunesse dans la banlieue lyonnaise.

J'ai vu mon père mourir. Je suis monté dans sa chambre et je l'ai vu les yeux fermés. Il est mort d'une crise cardiaque, j'avais six ans. Depuis, je fais tout pour être digne de lui. J'ai souvent souffert plus tard de cette mort prématurée. J'ai mesuré le vide qu'il a laissé en moi lorsque je suis arrivé en France. Si mon père était resté en vie ? Eh bien, nous serions restés en Espagne, je pense. Je ne sais pas ce que j'aurais fait. Sans doute torero pour faire plaisir à mon père !

Une nouvelle vie démarre donc pour notre famille le 16 novembre 1966. Une date inoubliable à plus d'un titre. Quand mon père disparaît, nous vivons du côté de Barcelone. Mon père était venu là pour travailler. Il était camionneur dans les mines. L'alternative pour ma mère est claire : soit on retourne à Tarifa, soit on part en France, où vivent deux de nos tantes. Elles sont près de Lyon, à Venissieux. Fin 1966, la décision est prise. C'est donc le grand départ. En arrivant, nous sommes vite pris en charge par notre famille. Mon oncle Pepe se débrouille pour trouver du travail à mes frères. Nous avions une toute petite maison. Je me demande comment ma mère a fait pour qu'on s'en sorte. Quand je pense aux conditions de vie qu'on avait ! C'est une histoire commune à beaucoup d'immigrés, mais ça te marque. Ce que je retiens par-dessus tout, c'est l'attitude de ma mère. Je ne l'ai jamais entendue se plaindre, et pourtant il y avait de quoi. On vivait dans des conditions précaires. Ma mère et ses cinq enfants. Une de mes sœurs était restée en Espagne.

Grâce à mon oncle Pepe et à mes tantes, nous étions devenus des immigrés chanceux. Nos conditions de vie étaient difficiles mais, au bout de compte, on vivait sans manque particulier. À l'époque, la société de consommation etait loin d'être aussi développée, il n'y avait pas autant de frénésie de possession, tu avais finalement besoin de moins de choses et les manques étaient, par conséquent, moins importants. Nous composions et faisions avec ce que nous avions.

J'ajoute que la France nous a bien accueillis et c'est pour cela aussi que j'aime ce pays, que je suis heureux d'y vivre. Les gens autour de nous ont aidé notre mère. Ils l'ont rassurée quand nous sommes arrivés. Je peux même dire qu'on a eu beaucoup de chance, finalement !

Parfois il m'arrivait d'être nostalgique de l'Espagne. Là-bas, je me sentais peut-être plus protégé. Il n'y avait pas ce sentiment d'être différent. Il faut dire qu'en plus je parlais mal le français et que j'ai mis du temps à l'apprendre.

Après quelques mois passés dans notre famille, nous nous sommes installés aux Minguettes, rue des Martyrs de la Résistance. Nous nous installons au onzième étage dans une tour qui en comprenait quinze. C'était des tours toutes neuves, c'était bien ! De la fenêtre de ma chambre, je voyais un stade en construction. Quelques mois plus tard, l'AS Minguettes s'y installera ! Au pied de la tour, il y avait une pelouse immense sur laquelle on jouait et, deux cents mètres plus loin, l'école. Toute ma vie se passait en bas de chez moi.

Nous organisions des tournois de foot inter-quartiers et, quand il pleuvait, on jouait dans un espace couvert délimité par cinq pylônes en dessous des tours. J'ai même gardé une cicatrice au genou gauche, souvenir d'une action de jeu qui s'est terminée dans une vitre ! Ce jour-là, j'ai fini à la clinique. En fait, je passais mon temps à jouer au foot ! Je jouais tous les jours à la sortie de l'école.

Un an après notre arrivée en France, je signe ma première licence comme poussin à l'AS Minguettes. C'est là-bas que j'ai commencé à jouer pour de vrai. J'étais tellement heureux ! Ça change du foot de quartier, là on t'apprend la notion de collectivité.

Ta passion est-elle alimentée par des modèles ?

Pas vraiment des joueurs, mais un souvenir fort. Le déclic de ma vie, comme de beaucoup de gens à l'époque d'ailleurs : la Coupe du monde 1970 au Mexique. Le Brésil de Pelé, Rivelino, Jaïrzinho, Tostao, Carlos Alberto. Cette finale contre l'Italie, c'était incroyable. Je regardais ça et je rêvais tout éveillé. Cette Coupe du monde m'a transporté ! Ce sont mes premiers souvenirs de football.

Jouer au foot devient encore plus une obsession. Mon grand frère Jean-Louis joue aussi, et il m'emmène un peu partout. C'est bien mais les études en pâtissent. La journée idéale, c'est jouer au foot et aller à Gerland voir l'OL. Mon autre frère est, lui, plus raisonnable. Il me pousse à aller à l'école, à moins penser au foot. C'est lui qui prend la place du père de famille chez nous.

Qu'est-ce que tu gardes de ton premier club ?

C'est là que j'apprends à défendre les couleurs d'une équipe, à vivre en collectivité. Il n'y a rien de plus beau que de jouer et gagner pour un club ! Et puis on était une bande et on partageait la même passion. J'ai un attachement fort à ces racines. J'ai toujours voulu vivre sans oublier d'où je venais. Aux Minguettes, j'ai appris qu'on pouvait vivre, échanger, être heureux avec des gens de couleurs et de religions différentes. Aujourd'hui encore, mes meilleurs amis sont d'origines ou de confessions diverses. En fait, ça n'a jamais été un problème. Quand tu as connu ça, tu te dis que ce n'est pas possible que ces différences-là engendrent les complications que tu observes aujourd'hui dans ces mêmes quartiers. Je me dis alors que le problème n'est pas la couleur ou la religion, mais que ça se joue au niveau social.

Quel genre d'adolescence vis-tu ?

Plutôt agitée. La vie de quartier, j'ai connu. Mais attention, ne tombe pas dans le cliché banlieue/voyou. Je n'étais pas un délinquant. Ce n'était pas le foot ou la rue. Je récuse l'idée que si je n'avais pas été joueur, j'aurais pu mal tourner. Mal tourner comment ? Ça, c'est un truc qui m'a longtemps agacé. Sans le foot, eh bien, je serais allé travailler à l'usine. J'aurais fait comme beaucoup de gens, comme mes frères. L'histoire, foot ou prison, laisse ça pour les reportages bidon sur la banlieue, tu veux bien…

Je me suis retrouvé une fois, une seule fois, dans une situation délicate, et pour moi très embarrassante. Une série de conneries m'avaient conduit, avec mon grand frère, devant le juge pour enfant. Personne n'était au courant dans la famille, j'avais trop honte. Cette situation m'a bouleversé, je t'assure que je n'exagère pas. J'ai pensé à ma mère, à tout ce qu'elle faisait pour nous, aux sacrifices quotidiens… Tout ce qu'elle supportait pour qu'on fasse quelque chose de nos vies. Si elle avait su ça, je me suis dis que ça l'aurait tuée. J'ai eu la peur de ma vie. Cela a été comme une prise de conscience, un déclic dans ma vie. Je me suis juré de ne jamais revenir devant ce juge.

L'absence de père occasionnait-elle un manque de repères, une autorité défaillante ?

Je ne crois pas. J'étais quand même bien entouré, mes frères, mes sœurs et surtout ma mère. Je n'avais qu'une obsession, ne pas la décevoir. J'étais le petit dernier de la famille, elle avait un peu plus d'indulgence pour moi et je voulais qu'elle soit fière de son fils.

Tu parlais de père, c'est vrai que ce manque m'a conduit à m'attacher à des hommes qui, au gré de ma vie, ont pu jouer ce rôle. Le premier fut certainement Max Bersoult, un éducateur. C'est le premier à m'avoir dit que je devais tenter ma chance dans le foot. Il y croyait et a tout fait pour m'aider, me pousser. Il m'a pris sous son aile. C'est effectivement ce genre de personnes qui ont été pour moi des pères de substitution. Il y a eu ensuite Pierre Alonzo et Francis Borelli au PSG. Ce sont d'ailleurs ces rencontres qui m'ont fait avancer.

Revenons à ton adolescence, c'était quoi la nature des fameuses conneries que tu pouvais faire ?

Rien de bien grave, des petits larcins. Quand on allait à Gerland voir l'OL, on faisait tout pour ne pas payer, par exemple. D'ailleurs, je n'ai payé qu'une fois pour y aller ! C'était lors du match contre les Allemands de Munchengladbach. J'avais payé cinq francs à l'époque. Habituellement donc, avec les copains, on avait une astuce pour rentrer gratos dans le stade. Une combine qui marchait encore il y a quelques années d'ailleurs ! Tu repères un contrôleur qui fait rentrer quatre personnes sans ticket et qui, en échange, se fourre un billet de cent francs dans la poche. Après, tu vas le voir et tu le menaces de le balancer. Le mec ne peut pas broncher et te fait rentrer. C'est efficace, mais il ne faut pas être trop nombreux. Grâce à ça, on était toujours bien placés. Et lorsque l'arbitre sifflait la fin du match, on courait comme des fous sur la pelouse pour la toucher. On rêvait de grandes carrières, on s'imaginait déjà à la place des Lacombe et Chiesa. Je me voyais déjà en pleine carrière professionnelle avec les entraînements, les soins, les massages, les matchs.

Parfois, l'organisation nous laissait rentrer dans les vestiaires et les joueurs nous donnaient des maillots ! On rentrait aux Minguettes avec des maillots de l'OL. Quand ce n'était pas les maillots, ça pouvait être des ballons. Plus tard, quand je suis devenu pro, je pensais souvent à ces moments-là et à la gentillesse de ces joueurs, à leur disponibilité.

Cela peut effectivement éviter d'attraper la grosse tête…

Écoute, je crois avoir tout fait pour y échapper. Et j'ai eu la chance de faire la connaissance de Ildo Maneiro. Il a été mon exemple en la matière.

Qui ça ?

Ildo, l'international uruguayen qui a joué à Lyon au milieu des années 70, en 1973/74. Tu ne connais pas Ildo ? Le capitaine de la sélection Celeste ? Il a joué la Coupe du monde 1970. Eh bien, ce joueur a évolué à Lyon. Et à l'époque, comme je te disais, je traînais toujours du côté de Gerland ou du centre d'entraînement. À force, je connaissais tout le monde. Avec Ildo, j'avais un avantage, c'était la langue. Je crois que le gars s'était pris d'affection pour moi. De mon côté, j'adorais sa simplicité, sa gentillesse. Un jour, il me ramène chez moi, et comme il savait que c'était l'anniversaire de ma mère, il est venu avec une boîte de chocolats. Tu te rends compte, ce gars-là, il monte à la maison et, en plus, il fait un cadeau à ma mère. Tu ne peux pas imaginer comme ce geste m'a touché. Un joueur pro, un international qui a joué la Coupe du monde 70, celle de tous mes fantasmes, qui se comporte aussi simplement. Ce fut, et ça reste un exemple.

Je ne sais pas si ce genre d'histoire peut encore exister dans le football moderne...

Entraîneur, je n'ai jamais forcé un joueur à signer un autographe. Mais je n'aime pas qu'un joueur soit inabordable. Il faut respecter ces gens qui ont un plaisir à nous voir, à nous toucher. C'est tellement important pour un enfant ! Tu lui offres un vrai cadeau, tu le rends heureux.

Mais comme tu disais, je ne suis plus sûr qu'il y ait encore de la place pour de belles histoires. Celle de Basile Boli ramasseur de balles, c'est beau aussi. Aujourd'hui, à douze ans, tu es déjà repéré. On place les gamins dans un centre et ils deviennent joueurs de haut niveau ou pas. Mais ils sont privés d'adolescence.

On t'a souvent collé l'étiquette du petit gars sorti de la banlieue, sorti des Minguettes. Longtemps, tu étais l'exemple du « petit » immigré qui avait gravi les échelons. La caricature, ça a été lorsque le PSG t'a rappelé la deuxième fois (en 2000). Le club voulait construire un « PSG banlieue » et le gars qui pouvait le mieux parler à ces jeunes, c'était toi, ça devait être toi.

C'était une très bonne idée au départ. Mais il fallait leur dire qu'ils allaient rester au club longtemps, très longtemps. La plupart des jeunes dont tu parles n'ont vu ça que dans l'optique d'un choix à court terme. Pour eux, c'était une étape, un transfert de plus. Et de l'autre côté, au club, on pensait en terme de coup marketing. Comment rapprocher le PSG des jeunes de banlieue, c'était en gros l'idée. Le recrutement était important en terme financier et en quantité. Le groupe était composé, entre autres, de Luccin, Dalmat, Mendy, Domi, Ducrocq, Cissé... et un chef de bande Anelka. Le gros problème c'est que quand ils arrivent, il n'y a personne pour les encadrer, pas de joueurs pour les aiguiller. C'est pas Rabésandratana, Okocha, Algérino ou l'autre[1] qui est en prison qui allaient les encadrer. Je ne suis même pas sûr qu'ils savaient gérer leur propre

1. *L'autre, c'est le joueur nigérian Godwin Okpara condamné à 15 ans de prison pour viol, torture et asservissement sur la personne de sa fille adoptive.*

carrière. Le groupe n'était pas assez fort pour intégrer des jeunes aussi talentueux. Alors ces jeunes ont pris le pouvoir tout de suite. Il n'y avait pas assez de personnalités autour d'eux. La cassure s'est opérée rapidement. Je suis arrivé après que les joueurs aient sabordé l'entraîneur précédent Philippe Bergeroo. On s'est alors dit, Luis va y arriver. Lui va savoir parler aux jeunes, ça va être comme un grand frère. Et je t'avoue que je m'en sentais capable.

Pourtant cela a été un fiasco, l'un des plus grands dans l'histoire du club...

Rien n'a marché. Le président Laurent Perpère en a fait des leaders, et le directeur sportif Jean-Luc Lamarche l'aidait en cela. Ils avaient fait le recrutement, ils étaient à la tête de cette opération. Il est où Lamarche, au fait ? Dans un bunker, protégé ? Tu te rends compte que ce type-là et Perpère ont dirigé le PSG ! C'est pas une ineptie, ça ? Mais que savaient-ils du PSG, qu'ont-ils fait pour ce club ? Qu'ont-ils laissé ?

Si Lamarche sort de son bunker, on va peut-être l'attendre, lui demander : « Où est l'argent ? Tu ne veux pas nous parler des transferts d'Anelka et compagnie ? » Bon, je ne vais pas aller plus loin parce qu'il me semble qu'il y a encore des enquêtes en cours...

Comment étaient ces « fameux » jeunes au quotidien ?

C'était très dur à gérer. À cause de l'environnement donc mais aussi de par leur manque de culture. Ils étaient hermétiques à l'autorité.

L'illustration, c'est la rapide altercation qui t'a opposé à Luccin le jour où, à l'entraînement, il t'a demandé : « T'as fait quoi dans ta carrière, toi ? »

Non, ce n'est pas exactement ça. Un jour, j'interromps la séance et lui dis de jouer vers l'avant, et là, il répond : « Et toi, tu jouais vers l'avant ? » Incroyable, non ? Que veux-tu répondre ! À moins de t'énerver et de provoquer une rupture définitive. Tu prends sur toi et tu réfléchis à la « meilleure » sanction, la plus adéquate en tout cas. Mais le manque d'éducation, de culture, c'est terrible. Trop vite, trop haut, trop riche, et sans bagages pour affronter cette nouvelle vie.

Si tu mets tout ça en perspective, que tu ajoutes le fait que, depuis le départ, Perpère ne veut pas que je revienne à la tête de l'équipe, c'est compliqué. Je te rappelle que je suis là grâce à Pierre Lescure et à Alain Cayzac. À chaque fois, à chaque litige, il se range du côté des joueurs. Mais le plus triste, c'est d'analyser ce que ces joueurs sont devenus. Certes, ils ont gagné de l'argent, ils ne sont pas à la rue, loin de là. Mais je te parle de leur niveau sportif par rapport à leur talent, à leur capacité. Stéphane Dalmat n'a rien fait, à part changer de club tous les ans. Peter Luccin, un vrai crack pourtant, fait une carrière correcte en Espagne, dans des clubs petits ou moyens. Je t'assure que ce n'est rien eu égard au talent qu'il a. Enfin, Anelka ! Il est aujourd'hui à Chelsea, enfin ! Ce joueur peut atteindre les sommets. Il est intrinsèquement plus fort que Thierry Henry. Mais que de temps perdu ! L'avoir vu jouer à Bolton, Fenerbahçe, Manchester City... ce n'est pas normal ! Aujourd'hui, il semble apaisé, plus serein. Il s'installe en équipe de France. Ce n'est pas trop tard mais, je le répète, quelle perte de temps !

Dans leur tête, Luccin, Dalmat et les autres n'étaient pas assez mûrs, pas leaders, pas prêts pour le PSG. C'était trop tôt pour eux. Un jour, je fixe l'entraînement du matin à 10h. À 10h15, un groupe de joueurs n'était pas encore sur le terrain, évidemment, c'était cette bande ! Qu'est-ce que tu veux faire ? En plus, on était dans une période où les résultats n'étaient pas bons. Un autre groupe de joueurs, Pochetino, Cristobal, Déhu, eux, étaient là ! Comment tu gères ça ? Tu ne devrais pas avoir à régler ce genre de problème, tu aimerais que ça n'arrive pas. Je les ai attendus à la porte et ai annoncé que je rajoutais une séance l'après-midi. Une catastrophe pour eux car ils avaient prévu d'autres activités. Ils me répondent qu'ils ne peuvent pas venir ! Ils sont joueurs pro et ils ne peuvent pas venir s'entraîner ! Mais merde, ils veulent quoi ? Il est où, le respect dont ils parlent tout le temps ? Si à la fin du mois, tu es payé en retard, tu vas gueuler, non ? Voilà le genre de problème qu'il fallait gérer, une galère !

Tu as senti très vite que ça ne marcherait pas et que venir de la banlieue n'offrait pas beaucoup de garanties ?

Très vite en effet, je me suis tourné vers l'Espagne pour modifier l'équipe. Je vais chercher les Pochetino, Cristobal, Heinze. Il fallait changer la mentalité. Même Mikel Arteta, qui avait dix-huit ans, avait plus de culture club qu'eux. Il comprenait tout des exigences du haut niveau. Mais il venait et avait été formé à Barcelone. Pourtant, même avec le recul, je n'arrive pas à me dire que ce n'était pas une bonne idée. Et ça reste une énorme déception. Surtout Anelka. J'aurais tellement aimé bien travailler avec ce gamin. Cela aurait pu être fantastique. L'aider à progresser dans ses déplacements, dans son sens tactique. Peut-être que j'ai voulu trop bien faire et que j'ai mal fait. Pourtant, et c'est vrai encore aujourd'hui, j'ai beaucoup d'affection pour Nico.

Tu l'avais lancé quelques années plus tôt, avant qu'il ne parte à Arsenal à dix-sept ans. Sa formation n'était pas terminée.

Au niveau de son déplacement, il y avait tout à faire. Un peu comme avec Djibrill Cissé aujourd'hui. Lui, quand je le vois jouer, je me dis, mais c'est pas possible ! Il a des carences énormes. Ses appels de balle sont parfois faits en dépit du bon sens. Mais le pire, c'est quand je le vois s'énerver avec ses coéquipiers, ça c'est fou !

Ça me rappelle une altercation avec Susic au PSG. Sauf que là, je te parle de l'un des plus grands joueurs que j'ai côtoyés quand même. Safet Susic, c'était la classe. Un jour donc, en plein match, je lui fais une passe un peu ratée, pas dans les pieds. Et là, il se plaint ouvertement, il lève les bras, fait du cinoche. Il avait cette tendance à vouloir qu'on lui mette le ballon « pile poil » dans les pieds. Son attitude me faisait clairement passer pour une baltringue aux yeux de tout le monde. Je suis allé le voir et je lui ai dit : « Plus jamais tu me fais ça, tu vas bouger ton cul pour récupérer le ballon, la prochaine fois. » Après cette mise au point, notre entente au milieu fut parfaite. Et concernant Cissé, à Marseille, je ne comprend pas que personne ne lui fasse cesser ses simagrées. En équipe de France, je ne le vois pas faire ça. C'est curieux, non ? *(ironique)*

Mais je reviens à cette génération qu'on m'avait confiée. Au-delà de tout ça, je me demande si cette génération-là est vraiment passionnée par le foot. Je crois que parfois ils préfèrent leurs I-pods ou les fringues à leur métier.

Comment as-tu vécu cet échec ?

La gestion de cette jeune génération est une déception personnelle. On misait beaucoup sur moi. Mon côté « je viens de banlieue, je vais savoir leur parler. » Mais très vite je me suis aperçu que ma banlieue, c'était pas du tout la leur. En vingt ans, elle a beaucoup changé la banlieue. Nous, nos repères étaient quand même simples. Tu bossais, tu t'en sortais. Là, rien à voir. Notre moteur, c'était l'espoir. Aujourd'hui, l'espoir n'existe plus. Les gens ont été poussés vers un individualisme toujours plus grand. Un individualisme de plus en plus présent dans le foot. C'est une chose que tu notes dans la façon d'être de beaucoup de joueurs. À mon époque, le travail sur le terrain existait. Les éducateurs voyaient leurs efforts recompensés. Aujourd'hui, je ne sais pas ce qui marche, je constate seulement que ça ne marche pas !

La seule chose qu'on sente chez eux aujourd'hui, c'est de l'agressivité. On parle de respect. Un mot qu'on entend partout mais que je ne vois concrètement nulle part. À l'époque, on ne prononçait pas ce mot à tout bout de champ, pourtant la notion me semblait être plus vivante, plus présente qu'aujourd'hui.

La notion de travail n'est pas non plus la même. Le mirage de la réussite sans l'effort a fait beaucoup de dégâts. Je ne sais pas qui l'a inventé, si ça vient des médias, de la télé-réalité… de je ne sais quoi, mais c'est un sentiment diffus. Notamment chez les jeunes qu'on voit dans le milieu du foot. La banlieue d'aujourd'hui n'a plus aucun repère. C'est la jungle ! C'est la loi du plus fort. L'agressivité est présente partout, le désespoir est vif. C'est même devenu la base de tout.

Mais les joueurs de foot, eux, ne sont plus dans le désespoir. Ils ont une vie pleine de succès devant eux. Ils sont même grassement payés.

Je ne suis pas sûr qu'être riche soit la seule finalité et que cela fasse de toi un homme…

Mais je reviens au comportement de certains joueurs aujourd'hui. Je me souviens que quand je restais chez moi à regarder un match, j'avais le sentiment d'avancer plus que si je sortais boire un verre avec mes potes. J'avais le sentiment fort que le travail pouvait payer. Quand je suis arrivé au centre de formation du PSG, je sortais de l'usine. Je ne sais pas si tu as connu l'usine, mais je t'assure que je ne voulais pas y retourner ! Alors je me défonçais sur le terrain pour m'en sortir et ne jamais avoir à y retourner : c'était même une obsession ! Je bossais dans le métal. Un cadre guère réjouissant. Je devais pointer à 7h. Me sortir de là, bosser pour aider ma famille qui m'avait aidé, lui rendre ce qu'elle m'avait donné, c'était mon moteur. Quand je suis arrivé au centre de formation, le deal était clair, soit tu fermes ta gueule et tu bosses, soit tu retournes à l'usine. Simple.

Le problème aujourd'hui, c'est que les joueurs « arrivent » trop vite. Un joueur signe un contrat avec beaucoup d'argent et ça bouleverse tout. Faire de l'argent facilement sans travailler, c'est devenu une règle aujourd'hui… Peu importe la construction de la personne. Gravir des échelons, sentir que ton travail paye, que tes progrès servent à quelque chose, c'est fini. Après tout, si tu peux t'en passer…

En 2002, le jeune Lyonnais Hatem Ben Arfa a quinze ans quand il se présente au PSG. On peut le recruter mais on nous demande 5 millions à la signature. J'ai dit non. En revanche, j'ai proposé autre chose. J'ai dit à ses parents : « S'il est vraiment bon, votre fils, dès qu'il intègre l'effectif pro, je double la somme… » Pour moi, c'est la garantie qu'il va bosser. Il est parti à Lyon, et je ne suis pas sûr qu'au final, le club lui ait donné ce qu'il voulait. On arrive très tôt aujourd'hui dans les centres, donc moins mûrs. Et les parents sont aussi très motivés par l'argent. Ils en veulent beaucoup et tout de suite. J'aimerais bien avoir les chiffres, les statistiques des échecs des jeunes qui ont fait le mauvais calcul. Des familles qui ont mal raisonné et qui se sont retrouvées sur le carreau. Ce serait utile de mener une enquête dans ce sens. Cela aurait un but pédagogique. Peut-être que ça ferait réfléchir certaines personnes. Mais au lieu de ça, seules les réussites sont mises en avant. Alors ça motive, c'est vrai ! Mais ça en induit surtout beaucoup en erreur.

À t'entendre, on se dit que dans certains domaines tu n'es pas très en phase avec le foot moderne…

C'est vrai que j'ai souvent du mal à me reconnaître dans le football d'aujourd'hui.

Le fait de prendre des mômes pour des pros, alors qu'ils n'ont que douze ans… On casse des vies avec ce système ! On construit des rêves trop aléatoires. Et de la casse, je t'assure qu'il y en a ! On a instauré un système de fast-food, c'est du fast-foot. On devient un grand joueur, une vedette avec deux bons matchs et puis après, c'est fini. J'exagère à peine.

Et puis, dans la vie du groupe, beaucoup de choses ont évolué. Le jeune qui arrive et qui est pris en charge par le cadre qui va l'aider, l'orienter, c'est terminé. Chacun gère sa propre carrière. Les jeunes ont déjà des agents. Si ça se passe mal, il suffit de changer de club. Mais quelles sont leurs valeurs, à part l'argent ? Ils sont mal entourés, et surtout la plupart ne savent même pas s'exprimer. Ils ne parlent pas, aucun échange, pas de communication. Pas de respect de l'expérience, de l'ancien. On se gargarise du mot respect, mais savent-ils seulement ce que ça veut dire ?

Le problème c'est que, quand tu dis ça, que tu parles des problèmes des jeunes des banlieues, tu as vite fait d'être considéré comme un raciste…

Moi raciste ! Excuse-moi, mais ça ne mérite même pas de réponse. Mon histoire est en opposition avec cette affirmation.

C'est du racisme, du fascisme ou je ne sais quoi que de parler d'autorité ou de valeurs comme le travail ?

À une époque, dans un milieu difficile comme celui où j'ai grandi, tu pouvais en récupérer huit sur dix. Deux continuaient éventuellement à faire les cons. Aujourd'hui, parfois, je me dis que la proportion s'est inversée.

À force d'avoir construit des ghettos, voilà le résultat. Il fallait bien que ça retombe sur la gueule des politiques, ce sont eux après tout les responsables. Ramené au niveau du foot, ça donne pleins de jeunes qui pensent que le sport est un facteur d'élévation sociale. On essaie d'aller très vite, de faire de l'oseille très vite. Mais après, le côté foot, équipe, identité, aventure humaine commune… tout ça c'est fini ! Il arrivent très tôt, trop tôt dans les centres de formation, et la seule valeur devient vite l'argent.

Si on revenait à « ta » banlieue et à tes premiers pas dans le foot ?

Après les Minguettes où j'ai joué jusqu'en junior, je tente une première aventure « loin » de chez moi, à Saint-Priest. Ça se passe mal car l'entraîneur ne m'apprécie pas, je me souviens de son prénom, c'était un italien : Federico. Là-bas, l'équipe junior figurait parmi les meilleures du département. Je pensais à l'époque qu'en m'y imposant, je pourrais plus tard rejoindre l'Olympique Lyonnais, mon équipe préférée.

En réalité, en quittant les Minguettes, j'ai tout quitté. Ma famille, l'amitié, l'esprit de groupe, le collectif. Aux Minguettes, on se réunissait le mardi pour préparer le match du dimanche. Saint-Priest était un club mieux structuré. Mais j'y ai connu beaucoup de difficultés. Je suis tombé sur un entraîneur dur, qui m'a pris pour cible, comme si je le dérangeais. Le calvaire a commencé quand j'ai joué avec les juniors 2. J'étais isolé, je n'avais pas de repère. J'allais au stade seul. On me regardait différemment et on ne m'a pas laissé le temps de m'exprimer. On m'a fait passer pour le petit des Minguettes qui avait le culot de venir jouer à Saint-Priest. Je suis retourné chez moi à la fin de la saison et j'ai eu mille fois raison. Mais j'ai bien failli arrêter le football à cause de cette expérience ! Je m'aperçois avec le recul que j'étais vraiment attaché à mon petit club. Tu sais que, plus tard, mon frère en est devenu le president ? Ce fut un grand moment pour nous tous.

Après une année à Saint-Priest, je reviens donc au quartier. Je joue toujours évidemment mais je viens de passer mon CAP de mécanique générale, tourneur-fraiseur-ajusteur. Je peux donc aller bosser. Et si je bosse, le foot devient forcément secondaire. J'entre alors dans l'usine où travaille mon frère. Mais Max Bersoult, l'éducateur dont je t'ai parlé, insiste pour que je continue à passer des essais. Max s'occupait de jeunes qui jouaient au foot mais il avait un vrai métier, il avait une petite boîte d'imprimerie. Il s'occupait de tout, il rédigeait les lettres, prenait les rendez-vous. Il croyait vraiment en moi. Grâce à lui donc, je vais à Avignon, C'est là que je croise pour la première fois Michel Moulin. Il joue du côté d'Alès.

Michel Moulin, le patron de *Paru Vendu*, l'homme d'affaires ? Tu le connais depuis si longtemps ?

Non, mais lui me dit toujours qu'il m'a vu à ce moment-là et qu'il jouait au foot là-bas, c'est un clin d'œil, je ne m'en souviens pas. On se connaît depuis moins longtemps…

À Avignon, ça se passe mieux. Mais je ne vois pas de débouché possible. Je suis bon, mais visiblement pas assez pour eux. On est alors en 1977 et Max Bersoult continue de me pousser. Il écrivait même aux grands clubs pour me faire engager comme stagiaire. Max appréciait ce que je faisais avec les enfants du club le mercredi après-midi. Je les entraînais et lui les accompagnait le dimanche pour les matchs. Ses lettres ne recevaient pourtant en retour que des réponses négatives. Mais un jour, Claude Cuny, le président de Nancy, a répondu favorablement. Le stage s'est bien passé mais Cuny m'a dit: «On a envie de te prendre, on veut te prendre, mais il y a un problème avec ta nationalité. Tu es espagnol...» Et, à l'époque, chaque club n'avait le droit qu'à deux étrangers.

Mais cela devait être encourageant parce que Nancy est un bon club à l'époque...

C'est pendant ce stage à Nancy que j'ai rencontré Platini pour la première fois. C'était au club house, où les joueurs se réunissaient après l'entraînement. Ce soir-là, je me suis approché de lui, sans trop oser lui parler. J'étais intimidé ! Platini recevait des journalistes de *Paris Match*, c'était du jamais vu pour un joueur de foot! Plus tôt dans la journée, je l'avais vu dans une salle d'entraînement. J'ai assisté à la fameuse séance photo de Platini qui tire les coups francs.

Bon, au-delà de ça, le club ne m'a pas gardé. Je suis donc revenu aux Minguettes. Là, c'était clair, je me suis dit que c'était fini pour moi, que je travaillerais à l'usine. Au moment où mon choix de vie était fait, Max reçoit une lettre du PSG. «Il faut que tu y ailles, Luis! Tu te rends compte, c'est Paris! Tu dois le tenter! » J'ai répondu: «Écoute Max, j'ai un travail! Tu es bien gentil, mais chez moi, ça commence à chauffer. Tout ça me mène où? Pour l'instant nulle part, et il faut que je bosse! Sans parler du contremaître à l'usine. Il en a assez de m'accorder des jours pour aller passer ces essais. J'ai déjà pris une semaine pour les stages d'Avignon et de Nancy, ne compte pas sur moi pour demander une semaine supplémentaire. En plus, si je me fais virer de l'usine, je vais me faire lyncher à la maison.» Max est allé voir ma mère, mes frères et mes sœurs. J'étais là avec lui. Je voulais leur autorisation. J'étais celui qui travaillais le moins dans la famille. Le football me prenait du temps et, pour l'instant, sans rien rapporter. Ce stage à Paris, c'était le dernier! «Il faut le laisser tenter sa chance, on est en fin d'année, bientôt c'est fini, il pourra bosser à l'usine» a-t-il dit. Moi je voulais m'en remettre à l'avis de ma mère. J'avais dit à Max que si elle disait oui, alors j'irais, une dernière fois ! J'en étais à ma troisième semaine de congés à l'usine, mais le contremaître a dit oui aussi. Peut-être qu'il savait que je me débrouillais pas mal au foot…

Et c'est donc le grand voyage vers la capitale…

Je monte effectivement à Paris en train, voyage de nuit. J'arrive gare de Lyon où il faut prendre un taxi pour aller jusqu'au Camp des Loges. Les frais sont évidemment pris en charge par le club. Le centre de formation est alors dirigé par Pierre Alonzo. J'arrive avec deux heures d'avance, très fatigué car j'ai peu dormi, le train de nuit m'a épuisé. Le voyage est long. Je reste deux ou trois jours à Paris. Lors des tests, je ne suis pas flamboyant. La fatigue peut-être, je sais pas, toujours est-il que Pierre Alonzo me dit : « Écoute, je sens quelque chose, mais il faut que tu reviennes une semaine. Je veux te voir reposé. Reviens dans de meilleures conditions pour qu'on puisse mieux te juger… » Pierre Alonzo, voilà une nouvelle personne importante sur ma route, une personne décisive. Je me suis vite attaché à lui. Bersoult, Alonzo sont les deux premières personnes qui ont compté.

Les mots de Pierre Alonzo était pour moi encourageants. La première prise de contact était bonne. Je suis donc revenu trois jours. Et là le stage s'est bien passé, j'étais bon.

Le niveau était plutôt relevé et, en juin, j'ai intégré le centre de formation. J'ai signé une licence amateur étrangère, rémunéré comme un jeune du centre, 1200 francs mensuels. On est alors en 1978 et c'est peut-être pour moi l'opportunité de devenir joueur professionnel !

Je vivais au centre, au dernier étage. Je partageais ma chambre avec Jean-Claude Lemoult. À l'époque, personne ne voulait dormir avec lui vu son caractère ! Il venait de Chaumont et jouait déjà de temps en temps en équipe première ! Au centre, il était forcément regardé différemment. Il était jalousé…

Les entraînements demandaient beaucoup de travail, de sacrifices. Entre les séances, il valait mieux récupérer, se reposer. Pas le temps de sortir, pendant la pause, entre 12 et 16h, je dormais pour récupérer.

Quel est ton état d'esprit à ce moment-là ?

J'y crois vraiment et je me dis qu'il n'est pas question de laisser passer cette chance. Je suis prêt à travailler comme un dingue s'il le faut. Quand j'ai intégré le centre de formation, il y a eu une prise de conscience. Face à cette opportunité, j'étais déterminé. Je pensais tout le temps à ma mère. J'avais l'occasion de la rendre fière de moi. Je pouvais montrer à mon tour du courage, de la volonté !

Mais il m'arrivait quand même de déconner. Quand je rentrais chez moi en congé du centre de formation, je continuais à jouer. Il y avait des tournois de sixte avec pas mal de lots à gagner. J'en faisais plein, je jouais sans arrêt, au risque de me blesser. Le centre de formation ne voulait pas qu'on joue pendant les congés. Surtout sur des terrains pourris ! Je pouvais me faire casser une jambe, parce que les gars en face étaient loin d'être des tendres. Ils savaient que je venais d'un centre de formation, et ils voulaient se montrer, me casser. Je ne m'en serais pas sorti sans un entourage solide. Des porte-flingues, en gros, des protecteurs. Moi je les faisais gagner, et eux faisaient en sorte qu'il ne m'arrive rien. En face, il y avait quand même des types d'un bon niveau, de petites divisions. Mais bon, comme je te disais, j'étais bien entouré, aux Minguettes, il y avait des mecs qui avaient un fort pouvoir de dissuasion.

Un jour, lors d'un tournoi de sixte, vers Valence, le match est arrêté à cause d'une bagarre. Des gars de chez nous ont pris de lourdes suspensions. Heureusement que je me suis planqué, sinon c'était la fin ! Le gars de la ligue du coin qui prenait les sanctions, je me souviens encore très bien de son nom, c'était Jean Fournet-Fayard, futur président de la Fédération.

Parfois les tournois duraient toute la nuit, avec plein d'équipes. Je voulais gagner pour faire des cadeaux et montrer aux gens de chez moi que je n'avais pas changé, que je pouvais toujours jouer avec eux sans les snober. J'arrivais le matin épuisé par le tournoi, mais avec une machine à laver pour ma mère. C'était ça ces tournois, longs et très durs, avec des vélos, des machines à laver, des frigos à gagner.

Mais cette époque-là, entre deux eaux, va vite se terminer. Très vite, je n'ai plus eu envie de déconner mais de tout donner pour aider du mieux possible ma famille.

C'est donc en 1978 que tu fais tes débuts au PSG…

Quand je suis arrivé au PSG, l'entraîneur général était Jean-Michel Larqué et le président Francis Borelli. Dans l'équipe, je côtoyais Carlos Bianchi, Dominique Baratelli, Jean-Pierre Adams. De vraies pointures. J'étais silencieux, j'observais, j'apprenais.

Puis, en octobre, on a changé d'entraîneur. Camille Choquier et Pierre Alonzo ont pris l'équipe en main. Alonzo me connaissait très bien. Ils m'ont appelé pour la première fois dans l'équipe pro le 11 octobre 1978. Je venais de fêter mes dix-neuf ans. Forcément, je n'ai pas dormi la nuit précédant la rencontre ! C'était trop irréel ! Ce match, je l'avais joué dix fois, cent fois peut-être dans mes rêves.

Tout à coup, tout s'est précipité, on s'est retrouvés au Parc des Princes. En entrant dans le vestiaire, j'ai attendu que chacun prenne sa place habituelle. Je me suis contenté de celle qui est juste sous le poste de télévision. Carlos Bianchi m'a chambré : « Petit, tu veux bien allumer la télé, s'il te plaît ? » Je n'ai pas hésité, je me suis levé pour l'allumer. Et là, tout le monde a ri parce que c'était un téléviseur de circuit interne ! J'ai souri aussi. Ce soir-là, on jouait contre Nancy. Le destin encore !

Dans les buts lorrains, il y avait Jean-Michel Moutier. Platini ne jouait pas, il était blessé. On a gagné 2 à 1. J'entre en cours de match et on me demande de jouer en attaque. Le but de la victoire arrive en fin de rencontre. C'est moi qui obtiens le penalty et c'est Carlos Bianchi qui marque. Quel souvenir !

À la fin de la partie, Nancy a porté une réclamation relative à ma qualification. Claude Cuny, le président nancéen, arguait du fait que je n'étais pas français. Ma licence amateur nous a sauvés et il n'y a pas eu de suite à cette affaire. Claude Cuny a quand même dû se demander longtemps comment j'avais pu atterrir au PSG !

Pour beaucoup, au moins ceux qui étaient nés et en âge de suivre un match à la télé, l'image de Luis Fernandez c'est avant tout celle du penalty de Guadalajara. Sa démarche si particulière, ses chaussettes mal ajustées avec ce sparadrap bizarre autour du genou et ce curieux numéro 9 dans le dos. C'est aussi et surtout la joie qui suit le tir qui permet, ce jour-là, à la France de battre le Brésil en quart de finale de la Coupe du monde 1986. Le « petit bonhomme » de Thierry Roland offrait alors à la France l'un de ses plus beaux succès footballistiques. Ce « petit bonhomme », expression restée dans la légende des retransmissions sportives, n'a pourtant été crié, hurlé, pleuré qu'en différé. Le match en direct avait été, en effet, commenté par Michel Drucker et Roger Piantoni. Plus sobres, ils s'étaient, eux, contentés d'un « Luis Fernandez, mon petit Luis... », l'implorant ainsi de réussir son tir au but !

Mais même en différé, il faut croire que Thierry Roland reste la voix des Bleus.

Ce soir-là, Luis est donc le héros tricolore. Le lundi 23 juin 1986, le journal L'Équipe *titre : « Foot de Bonheur ! ».*

Sur la première page on peut lire : « Le quart de finale France/Brésil, à Guadalajara, a tenu plus encore qu'il ne promettait. Les Bleus, avec le coup de pouce de la chance, sont sortis vainqueurs aux tirs au but d'un somptueux combat au sommet, qui ne méritait pas de vaincu. Favoris du Tournoi après ce coup d'éclat, les Français vont d'abord s'attacher à récupérer des efforts fournis samedi. »

La photo montre le gardien brésilien Carlos à genoux. Au deuxième plan, Luis Fernandez exulte de joie. La légende : « Et Luis croisa son tir... »

C'était la deuxième fois que je me retrouvais à la une durant cette Coupe du monde. La première fois, c'était après le France/URSS en poule. J'avais marqué un but important. Le gardien soviétique était Rinat Dassaev. Tu sais que mon premier but en équipe de France en mars 1983, je l'avais marqué contre ce même Dassaev? Je ne collectionne pas les coupures de presse mais j'ai pourtant gardé celle-là avec écrit, « Merci Luis ». C'était un but capital dans un match très important. Et puis marquer dans une telle compétition, c'est quelque chose qui reste.

Allez, raconte-nous ce fameux France/Brésil. C'est un match de légende et tu en es le héros, ça doit te plaire?

Est-ce que tu sais, tout d'abord, que dans ce match je débute arrière droit ? Qui se souvient de ça? Un coup tactique pas génial d'ailleurs. Manu Amoros joue à gauche et Thierry Tusseau au milieu. William Ayache était suspendu.

Et sur ce côté droit je prenais un bouillon terrible. Leur arrière gauche, Branco, n'arrêtait pas de monter. Je ne voyais rien. On jouait depuis à peine vingt minutes et on prenait l'eau de toutes parts. Eux, ils jouent « Brésil», c'est à toi à moi, et on ne voyait pas le ballon. Ils nous éliminaient rien qu'avec des feintes de corps. Un cauchemar. On avait l'impression d'être renversés. Leur but arrive vite et il est incroyable. Un but typiquement brésilien. Tu veux faire une publicité sur le foot brésilien, tu passes ce but-là ! C'est un des trucs les plus beaux que j'aie jamais vus. Après cette entame terrible, je me dis qu'il faut absolument que je repasse à ma place. Sur le terrain, je vais voir Platoche et je lui dis : « Écoute, ça ne va pas, je me sens pas bien. » Je me tourne vers le coach Henri Michel et, de la même façon, je lui dis que je ne peux plus jouer arrière droit. Le coup tactique tenté avec moi à ce poste – coup tenté et réussi en 84 à l'Euro contre la Belgique – ne fonctionnait pas. Michel voyait aussi que c'était trop dur. On a rectifié le tir, je suis remonté au milieu, Amoros à droite et Tusseau arrière gauche. Le changement s'est vite ressenti, c'était naturel pour tout le monde finalement. On a juste rétabli les choses.

Et l'histoire du match a évolué dans le bon sens, surtout pour toi...

Je suis le héros à la fin peut-être, mais avant les tirs au but, j'ai bien failli être le paria du match. Tu te souviens du penalty que le Brésil manque et qui peut nous faire perdre à quelques minutes de la fin ? Si Zico le marque ou si Joël ne l'arrête pas, je ne suis peut-être pas là à te parler. Ma vie aurait sans doute été différente.

Sur cette action de jeu, c'est moi qui perds le ballon au milieu dans une zone où je n'ai pas le droit de le perdre. Platini m'a passé un savon terrible, il m'a pourri... j'étais minable ! « Arrête de te prendre pour un numéro 10, arrête de faire ce que tu ne dois pas faire ! » C'était affreux, je ne savais pas quoi dire et, de toute façon, je n'avais rien à dire... Les secondes après ma « boulette » sont terribles. Alors, quand j'ai vu Zico rater son penalty... oh putain, quelle bénédiction ! Un soulagement énorme ! Mais, au-delà de cette erreur, sur le match je me sentais bien. J'étais en super forme.

Cet épisode est marquant. Et quand Platini rate son tir au but lors de la scéance finale, ce qui ne lui arrivait jamais, eh bien derrière, je pouvais le sauver, me racheter. C'est pour ça qu'à la fin, il y a cette image de nous deux enlacés, à genoux. C'était fort au vu de ce qui s'était passé dans ce match.

Ce souvenir illumine de joie le visage de Luis, ça le fait rire aux éclats... On touche là l'une des plus belles périodes de sa vie et ça se sent. Évoquer la demi-finale perdue contre l'Allemagne ne suffit pas à altérer sa joie de revenir sur ces instants de sa vie.

Pour cette demi-finale, notre mentalité est guerrière. Il s'agit de prendre sa revanche sur 1982. On est motivés à fond, on veut les plier. Beaucoup de joueurs présents étaient déjà là quatre ans plus tôt. On est prêts dans la tête à faire un match énorme. Mais physiquement, on était morts, cuits, impossible de mettre le physique à la hauteur de l'envie ! Et l'Allemagne qui n'est pas bonne, moins forte qu'en 1982, va en finale tranquillement !

Évoquer l'équipe de France, c'est à chaque fois quelque chose de fort pour toi.

J'étais tellement bien dans cette équipe, c'était un vrai club. J'étais pote avec Amoros, Stopyra, Ayache, Bossis. Je cite ceux-là, mais franchement l'ambiance était super, il n'y avait pas de clans. Les remplacants savaient qu'ils n'allaient pas ou peu jouer mais ils l'acceptaient. L'ambiance était parfaite, il n'y avait pas d'aigreur, pas d'arrière pensée. C'était sain ! Imagine aujourd'hui des remplaçants qu'on appelle les coiffeurs ! Je ne sais pas si ça passerait. On a vécu des moments exceptionnels tous ensemble.

L'équipe de France de cette époque, c'est aussi le fameux « carré magique », admiré par tout le monde du football. Ce milieu de terrain composé de Platini, Giresse, Tigana et Luis Fernandez… Comment ça marchait concrètement ?

Jeannot (Tigana) et moi faisions droite/gauche. On était deux récupérateurs sur la même ligne. Et ça donnait en gros un 2/2/2. C'est difficile à concevoir aujourd'hui parce qu'on visualise plus facilement un système avec deux meneurs légèrement excentrés, comme dans un 4/4/2 devenu classique.

Dans notre système, c'était plutôt les attaquants qui allaient sur les côtés, laissant souvent l'axe à Platini. Ils s'écartaient pour laisser la pointe à Michel qui était d'ailleurs souvent un neuf et demi plus qu'un dix ! Regarde contre le Brésil, sur le but de l'égalisation. C'est Rocheteau qui centre, Stopyra qui vient au premier poteau et Michel qui conclut.

Et comment vous organisiez-vous avec Tigana au milieu ? Y avait-il de la concurrence, une rivalité entre vous ? Vous étiez tous les deux plus ou moins au même poste. Les récupérateurs, les poumons de l'équipe. Si les Bleus évoluaient alors en 2-2 au milieu, vous étiez les deux du bas.

Entre nous, c'était toujours le même problème : lequel devait évoluer dans l'axe du milieu de terrain ? Jeannot voulait me décaler sur un côté, pensant certainement que l'axe était plus brillant. Au début je ne disais rien. Mais lors de cette Coupe du monde, je me suis imposé. Mon statut était différent. J'étais devenu champion de France, j'avais été élu meilleur joueur du championnat. Entre champions, il y a forcément ce genre de rivalité. Les ego sont forts. Mais attention, ça reste anecdotique, l'ambiance dans ce groupe était excellente. Même si Tigana avait un sacré caractère ! C'était un super joueur, et tout le monde le savait, mais il avait une grande soif de reconnaissance. Il estimait peut-être qu'on ne mettait pas assez en avant son apport dans l'équipe.

Il y avait un truc qui l'avait beaucoup touché. L'anniversaire de

Tigana est le même jour, ou presque, que celui de Platoche[1]. Mais qui le sait ? Dans le foot, tout le monde savait quand était l'anniversaire de Platini mais pas quand était celui de Jeannot. Je me souviens d'une année où on fêtait l'anniversaire de Michel. J'avais oublié celui de Jeannot, il l'avait mal pris. Une fois, on m'a raconté qu'en Espagne, pendant le Mondial 1982, Hidalgo avait fêté l'anniversaire de Michel et lui avait offert un cadeau. Mais celui de Tigana avait été oublié. Le lendemain, il est venu avec une chaussure remplie de chantilly et une bougie dessus. Il a dit : « Tiens, comme ça vous ne l'oublierez plus ! » Lors de la Coupe du monde 1986, je peux te dire qu'on ne l'a pas oublié. Le jour de France/Brésil, le 21 juin, c'était donc l'anniversaire de Michel. On a gagné et on a fait une fête mémorable, c'était super, on a beaucoup rigolé. On a fêté les deux anniversaires en même temps. Jeannot était heureux. On était tous heureux. C'est un très beau souvenir.

Sans faire de psychologie de comptoir, je suis sûr que, quelque part, Jeannot était touché par le fait d'être celui qu'on a pu à un moment appeler le « Malien ». Le « facteur » non plus, il n'aimait pas. C'était son surnom sur le terrain parce que son métier de base c'était ça : postier.

Avec Jeannot, comme avec les autres, je n'ai que de bons souvenirs. Tous ces matchs en équipe de France, je les ai aimés. Ce sont des souvenirs extraordinaires. Aujourd'hui, c'est mon fils Johan qui a ces maillots de l'équipe de France. Je n'ai gardé que celui du capitaine brésilien de la Coupe du monde 1986, Edinho, et celui de Michel quand il jouait à la Juventus.

Cette période est importante pour le foot français. L'Euro 84, c'est la première victoire. On peut dire que la victoire de 1998 naît à ce moment. Cette année-là, il ne faut pas oublier non plus qu'il y a la médaille d'or aux JO de Los Angeles. La politique fédérale va se mettre en place, prendre plus d'ampleur. La DTN (Direction technique nationale) grandit, c'est le début d'une grande politique de formation. Une formation qui va devenir plus tard la meilleure au monde. Les joueurs de France 98 ont tous profité de cela.

---

1. *Platini le 21 juin, Tigana le 23.*

Platini reste, parmi tous ceux que tu as fréquentés, l'un des personnages qui t'a le plus marqué.

C'était le vrai capitaine. En tout cas, il est ma définition de la fonction. Quand il fallait discuter des primes, c'est lui qui y allait et il ne poursuivait qu'un seul but: l'intérêt général, toujours. Et ça, tout le monde appréciait. C'était le vrai leader. Il poussait des coups de gueule. Parfois son attitude, son caractère heurtaient. Il pouvait être dur à supporter, mais moi je n'avais aucun problème avec ça! En plus je crois qu'il y avait une affinité particulière entre les Bordelais Giresse et Tigana et, du coup, lui et moi, on s'est rapprochés, sans pour autant que cela ne débouche sur des clans.

Il aimait qu'on l'aime, il aimait être mis dans de bonnes dispositions. De ce côté-là, je lui ressemble. Il fallait qu'on soit tous autour de lui. On était une bande dont il était le leader naturel. Ça marchait, et c'était bien comme ça. Sur un terrain, on le sait peu, on le voit peu, mais il y a plein de joueurs qui jouent par affinités, qui préfère untel ou untel à leurs côtés. Un pro le voit, le temps que tu mets avant de donner un ballon, le gars qui lève les bras quand le même ballon n'arrive pas.

Quand je suis arrivé en équipe de France après la Coupe du monde 1982, Michel m'a très vite mis à l'aise. J'étais forcément réservé. Je me suis vite adapté. J'étais tellement émerveillé d'être parmi les Tigana, Giresse, Rocheteau, Battiston, Lacombe, Amoros... que j'étais prêt à tout! Michel me rassurait, me conseillait. Il me laissait m'exprimer, me fondre dans l'ambiance. Pour m'aider, il me lançait de petites vannes gentilles. Il adorait «chambrer». Une façon de dire aux autres, il est avec nous.

Platini n'a jamais joué la carte personnelle. Il fallait qu'il y ait une unité autour de lui et cette unité était permanente. Non seulement il négociait les primes, mais aussi les contrats pub. C'était la seule star, il aurait pu garder ses plans pour lui, mais il s'arrangeait toujours pour en faire profiter les autres. Michel, c'est aussi un bon vivant. Quand on se voit aujourd'hui, on aime rigoler, plaisanter, se chambrer. Même avant de jouer on plaisantait, pour éliminer le stress!

Ce groupe de joueurs a passé deux mois ensemble pendant la Coupe du monde 1986. On était tous là pour prendre du plaisir à vivre ensemble, à rigoler, à créer une ambiance, à bien jouer. Tous là pour une même cause, avec un même langage, sur et en dehors du terrain.

Au Mexique, le plus grand mérite de Michel a été de ne rien dire sur sa blessure. Si nous avions eu le Michel de 1984, on aurait certainement été champions du monde. Mais il a gardé sa douleur pour lui. On savait qu'il souffrait, qu'il se faisait soigner. Il n'en parlait jamais, il ne se plaignait jamais.

Sur le terrain il voyait et comprenait vite, donc il parlait beaucoup. Quand il parlait, on écoutait. Il disait : « Reste à ta place, ne va pas là-bas… Donne vite ton ballon… »

Il m'a rappelé en équipe de France en 1991, je revenais de blessure. Il était devenu sélectionneur national et devait estimer que je pouvais être utile au groupe en raison de mon expérience. Je pensais vraiment être titulaire, mais Michel m'a mis en remplaçant. On a eu une petite explication car je ne comprenais pas. Je ne voulais pas rester sur le banc ! Il m'a dit :« Tu peux commencer un match, tu peux le finir, mais tu ne peux jouer que pendant soixante ou soixante-dix minutes. Ce que je veux, c'est que tu apportes ton expérience. Sache que, titulaire ou remplaçant, j'ai besoin de toi. » Il avait raison et je ne voulais pas le décevoir. Il m'avait tendu la main pour me faire revenir en sélection nationale. En Bleu, j'ai pratiquement toujours joué à ses côtés et j'ai donc terminé avec lui. Moi sur le terrain, lui entraîneur.

Le retour de Luis chez les Bleus est assez inattendu. On pensait en effet ne plus le revoir en équipe de France. Lors du parcours de qualification à l'Euro 1992, il marque un but somptueux – un ciseau à l'entrée de la surface – face à l'Espagne à Séville (mais pas à Sanchez Pizjuan, le stade de la demi-finale mythique de 1982 face à l'Allemagne). À l'époque, Michel Platini disait : « Quand je jouais, au milieu, Luis était peut-être le joueur le moins technique d'entre nous, aujourd'hui dans ce secteur c'est indéniablement le plus habile avec un ballon… »

Quelque temps auparavant, j'étais perdu ! Et c'est Michel qui m'a donné l'occasion de revivre des sensations en équipe de France. Quand on a perdu lors du 3e match de l'Euro 92, contre le Danemark, Michel m'a fait entrer en seconde mi-temps. J'ai pleuré comme un gosse. C'était ma soixantième et dernière sélection. Après ce match et ce championnat d'Europe, c'était fini. J'ai pleuré car je tirais un trait sur ce que j'avais vécu de plus beau en tant que joueur.

Avec Michel, on ne parle jamais de l'Euro 92. On préfère parler des bons moments. Et comme il aime toujours autant chambrer, son truc c'est de dire: « Toi et Jeannot derrière, vous étiez à votre meilleure place. » Jouer derrière Michel et Gigi, c'était quand même fort ! Je suis fier d'avoir fait partie de ce carré magique !

Tu aimes te risquer au jeu des comparaisons, génération Platini/ génération Zidane ?

Le jeu est rapide ! Pas besoin de s'étendre. Ce sont deux équipes équivalentes. Ce qui différencie Platini de Zidane, c'est la personnalité, le charisme, supérieur chez Michel. Ils auraient pu jouer ensemble. J'aurais mis Zizou en 10 et Michel en 9 et demi.

Selon moi, les deux équipes se valent, mais il y a deux joueurs chez nous qui n'ont pas eu d'équivalent: Maxime Bossis et Manu Amoros. Eux étaient vraiment exceptionnels. À l'époque, les défenseurs étaient peut-être moins mis en valeur. En tout cas, eux ne l'ont pas été assez, c'est certain. Bossis est supérieur à tous les défenseurs qu'on a eus ensuite dans le football français, génération 98 comprise. Quant à Manu, en latéral, il avait un Lizarazu dans chaque jambe. Ce n'est même pas comparable.

Et entre Deschamps et toi ?

Ce n'était pas exactement le même poste. Je crois que, sur un terrain, notre force a été de savoir ce qu'on devait faire et ne pas faire. De connaître nos limites. J'ai un énorme respect pour ce qu'a fait Didier dans sa carrière. Sa régularité, sa longévité et sa constance au plus haut niveau, c'est très fort.

J'espère que tu as vu le film sur Zidane. Celui autour de son dernier match contre Villareal. C'est vraiment bien. La standing ovation que lui offre le public à la fin, c'est un très beau moment d'émotion. Je suis heureux d'avoir joué avec les deux meilleurs joueurs de l'histoire du foot français.

J'ignorais que tu avais joué avec Zidane.

Eh oui, à Cannes avec Boro Primorac. C'est plutôt symbolique mais c'est bien vrai. Il débutait et j'étais là. Je l'ai connu à ses débuts.

Quel est ton avis sur Zidane, l'homme, le phénomène qu'il représente ? Au-delà de son côté idole, j'ai du mal à le situer...

Zizou, comme je te disais, je l'ai connu alors qu'il était tout jeune. Je connais tout le monde chez lui, sa famille, sa femme... Je suis un amoureux de Zidane. Et je t'assure que c'est le bon gars. Tout ce qui se passe autour de lui efface la personne. Il est forcément déconnecté par moments. Mais, dans le fond, c'est resté le même petit gars que j'ai connu à Cannes. Le môme auquel je parlais sur le parking, que parfois je ramenais chez lui. J'ai connu pas mal de joueurs. Et souvent, il y a une grande différence entre ce qu'ils étaient au départ et ce qu'ils sont devenus. Pour Zidane non ! Mais très peu de gens dans son entourage peuvent savoir ça. Je le vois peu, le fréquente peu, mais quand je le vois, je sens que le fond n'a pas été bouleversé. Son éducation a beaucoup joué dans la construction de son caractère. De ce côté-là, il a eu une très bonne éducation, saine, équilibrée. J'ai pour lui une grande affection.

Dans un sens, on peut dire que Zidane à changé de galaxie. Il est devenu intouchable. Protégé, surveillé… Mais je ne suis même pas sûr que tout cela soit de son fait. Il subit toute cette situation, j'en suis sûr. Zidane, malgré tout, je l'aime, il reste sincère. Quand on se voit, je sens que c'est le même qu'avant. Je place Didier Deschamps sur le même plan. C'est un type que j'aime beaucoup.

Zidane n'est vraiment pas le même gars quand il est en famille, entouré de gens avec lesquels il se sent en confiance. Il est forcément difficilement abordable. Au vu de son statut, c'est normal qu'il soit autant sur la défensive. Il ne peut pas « se donner » facilement. Mais tu sens chez lui un vrai sens des valeurs. Je me souviens de lui comme de quelqu'un qui écoutait beaucoup et qui travaillait beaucoup, au-delà de son talent naturel.

Son côté effacé, le fait qu'il ne se soit jamais vraiment confié, qu'il ne s'explique jamais sur rien me dérange. De la part d'un tel champion, c'est frustrant, non?

Oui peut-être, je comprends ce que tu veux dire. Mais c'est sa personnalité. Il a du mal à communiquer. Il est introverti quand il n'est pas dans le cercle restreint dont on parlait tout à l'heure.

C'est sûr que j'ai beaucoup de mal à l'imaginer entraîner une équipe. Il ne pourrait pas transmettre tout ce qu'il a en lui. Mais il donne autrement. Les associations humanitaires, c'est quelque chose de très important pour lui. Quand il s'agit de faire quelque chose pour les enfants, il est là, le premier. Ce n'est pas le gars qui va oublier d'où il vient, et c'est essentiel.

Mais n'est-il pas obligé de parler, vu ce qu'il représente pour des milliers de gens? Par rapport à sa place dans l'histoire du foot tout simplement. Tous ont parlé, ont donné quelque chose après leur carrière. C'est vrai pour Pelé, Maradona, Platini, Cruyff, Beckenbauer…

Je ne sais pas, peut-être qu'effectivement il devrait être plus présent. Peut-être aussi qu'il le fera bientôt. On sent, c'est vrai, que ce n'est pas son truc de prendre position, de s'exprimer sur un sujet, quel qu'il soit. Il redoute les rapports humains. Mais il peut aussi s'impliquer, et il le fait déjà, à destination des enfants. Il adore ça, il se sent à l'aise. Après tout, ce n'est pas moins noble comme mission.

Tu sais, je viens d'un milieu similaire au sien et dans son milieu d'origine, il n'a pas appris l'entregent, la diplomatie, l'expression en public. On ne sait pas faire ce genre de choses quand on vient de certains milieux. Et j'en sais quelque choses car je me sens proche de lui sur ce point. Et puis il est assez timide quand même.

Mais pour en revenir à ce que tu disais, c'est vrai que j'ai du mal à l'imaginer entraîneur. Encore une fois, peut-être qu'il y viendra par le biais des enfants. D'ailleurs il veut s'impliquer avec les jeunes du Real Madrid.

Cette bonté dont tu parles ne transparaissait pas toujours sur le terrain...

Il a eu parfois une certaine forme d'agressivité sur le terrain. Il n'a pas toujours contrôlé ou maîtrisé certaines situations.

Ce qui se passe à la Coupe du monde 2006, c'est surtout triste parce que c'est son dernier match. C'est terrible. Personne ne peut cautionner un tel geste ! Je suis sûr qu'au fond il s'en veut d'avoir réagi comme ça. Il est conscient de son erreur. Essayons d'analyser la situation. D'abord le contexte qui est quand même très particulier. C'est une finale de Coupe du monde et le dernier match de sa carrière. Et ce, alors qu'un an avant, il n'était plus joueur de l'équipe de France ! Imagine l'importance du moment pour lui.

J'avais discuté avec lui à Saint-Étienne quelques semaines avant le début du Mondial, lors du match amical contre la Chine. On a parlé de cette Coupe du monde qu'il ne devait pas jouer. De ce moment qui allait arriver. À ce titre, le film de la longue période qui précède le Mondial est intéressant. Après l'Euro donc, Raymond Domenech, nouveau sélectionneur, veut ouvrir une nouvelle ère. Les anciens ne sont plus là, place aux jeunes ! Mais problème : ça ne marche pas ! Les anciens peuvent revenir mais ce n'est pas si évident. J'en avais d'ailleurs parlé avec Zidane lors d'un match des « amis de Zizou contre les amis de Ronaldo » à Madrid, après l'Euro 2004.

Zidane n'est plus en bleu. On est en plein dans la période où Domenech, en toute logique, impose sa façon de voir. On discute un peu ensemble, on était avec son ami Mouss. Zidane me fait part d'un certain scepticisme par rapport à Domenech. Il ne le sent pas trop. Donc s'il revient, il va déjà falloir qu'il s'entende avec Raymond. Finalement, Zidane revient et, avec lui, Makelele et

Thuram. Domenech doit faire avec et tant mieux puisque sans eux, c'est clair, il n'y a pas de Coupe du monde 2006! Pour moi, c'est une certitude.

Je reviens à présent à ce match à Saint-Étienne. Tactiquement, c'est pauvre, bancal. Patrick Vieira joue à droite dans une sorte de losange. C'est pas très cohérent au vu des joueurs dont disposent les Bleus. Et puis, surtout, Vieira n'est pas heureux dans ce système. J'en parle avec Zidane, je lui fais part de mes doutes. Être revenu, aller au Mondial pour ne pas défendre ses chances convenablement, ça le perturbe forcément. Revenir et être ridicule, tu reconnaîtras qu'il y a mieux comme fin de carrière, surtout pour lui. Il faut qu'il s'exprime, qu'il dise à Raymond comment il voit les choses, il doit le faire. Mais il met du temps à s'exprimer. C'est son caractère. Il a dû sentir qu'il y avait comme une urgence. Il fallait qu'il le fasse. Un Platini serait intervenu beaucoup plus tôt, mais la nature de Zidane est différente. Heureusement, il ne l'a pas fait trop tard. Reste qu'à un moment, les anciens et lui ont pris les choses en main. Ils se sont mobilisés, ils ont parlé. C'était leur dernier moment ensemble, leur dernière compétition, ils ne pouvaient pas finir comme ça. L'intelligence de Domenech, c'est d'avoir écouté. D'avoir fait en sorte que le dialogue se crée enfin. Tous se sont donc rapprochés. On peut penser ce qu'on veut de Raymond mais ce qui est sûr, c'est qu'il est intelligent. Autant il est passé en force sur les dossier Pirès, Giuly et, plus tard, Trezeguet, autant il a su faire preuve de finesse sur le dossier des anciens avant et pendant la Coupe du monde.

Quand tu as un Zidane dans ton équipe, tu dois l'écouter. C'est comme quand tu as Cruyff, Platini ou Maradona. Tous ont été des relais importants de leur entraîneur. Regarde Deschamps au Mondial 98 avec Jacquet. C'est le contraire qui n'aurait pas été normal. Et là donc, Zidane et les « anciens » ont enfin pris les choses en main. L'équipe de France change alors de visage. Elle avance, et Zidane devient de plus en plus fort. Les adieux peuvent se transformer en triomphe. Un truc de dingue. Il peut devenir le plus grand joueur de tous les temps en remportant cette Coupe du monde.

Imagine alors la pression qui pèse sur lui lors de cette finale. Ce moment il ne peut pas le manquer, c'est le sien. Il joue bien, il est au-dessus...

... Et il perd le contrôle de ses nerfs, il dégoupille, il tombe dans le piège, il est rattrapé par ses démons, il redevient humain... Les versions sont nombreuses, mais il y a un constat : Zidane est expulsé en finale de la Coupe du monde.

Sur Zizou, sur ce coup de boule... j'ai un mal fou à parler. Une fois que j'ai dit que ça ne se fait pas, que c'est mal... je pense au Zizou que je connais. Je le revois petit sur le parking de la Bocca (le stade à Cannes). C'est un gars tellement adorable. Toi, tu peux peut-être t'exprimer tranquillement sur le sujet, analyser le geste. C'est très difficile pour moi comme pour tous ceux qui le connaissent. Dans cette affaire, tu as ceux qui vont se prononcer en fonction de leur pays. Les Français vont être plutôt indulgents, au contraire des Italiens. Les neutres vont, eux, avoir le recul et juger la chose plus froidement. Enfin, tu as les gens comme moi qui connaissent Zizou, et nous, on a du mal à en parler.

Attention, il ne faut pas se tromper, Zidane ce n'est pas une « racaille » ! C'est un gars sain, qui a une bonne éducation, bien entouré. Un joueur respectueux des gens, proche de sa famille. Alors ce qu'il a fait, je ne trouve pas ça beau mais je l'excuse, je le comprends. Après, tout le reste, les chansons, la passion et les débordements que cela a suscités, ça ne m'intéresse pas.

Ce fut un élément de plus dans le froid qui s'est installé dans les relations footballistiques entre la France et l'Italie.

Oui, mais ce sont surtout les provocations de Raymond qui ont creusé le fossé. À force de provoquer... Au début, tu souris. La méthode amuse et puis ça devient lourd, répétitif. L'hymne français est sifflé en Italie, en Espagne, ça devient vraiment usant et on connaît les raisons de tout cela. J'aimerais bien que Raymond arrête maintenant, c'est bon on a compris ...

Après l'Italie, le foot français s'est trouvé une nouvelle « tête de Turc » avec Luis Aragonès. Le différend date d'une phrase prononcée à l'automne 2004 par le sélectionneur espagnol. Aragonès aurait dit en substance à son joueur José Antonio Reyes : « Va montrer au nègre (Thierry Henry) que tu es meilleur que lui... » Henry et Reyes jouaient alors ensemble à Arsenal. Autour du huitième de finale de la Coupe du monde 2006, les échanges entre les deux délégations avaient logiquement été tendus. Enfin, en février 2008, en marge d'un match amical Espagne/France, Luis Aragonès déclara que l'équipe de France de football tirait sa force de son immigration. Raymond Domenech rétorqua en substance qu'il allait offrir un manuel d'intelligence à son homologue...

Écoute, ces histoires me fatiguent. À force de piquer, il ne faut pas que Raymond s'étonne quand ça revient. Tout d'abord, je peux t'assurer qu'Aragonès n'est pas le raciste que l'on décrit en France. Je le connais depuis des années. Il me semble d'ailleurs que Samuel Eto'o l'avait défendu à ce sujet, non ? Et puis, quand il dit que la France tire sa force de son immigration, où est le mal ? En quoi c'est être raciste que de dire cela ? Je suis bien issu de l'immigration moi, non ? Et j'ai apporté des choses à l'équipe de France ! Et quant à son manuel d'intelligence... *(soupir)* Quand Raymond aura fait la moitié de ce qu'à fait Aragonès, il pourra se permettre de lui dire cela ! À un moment il faut arrêter la provocation ! C'est un gars bien Aragonès, crois-moi !

Dans l'équipe de France d'aujourd'hui, tu penses que Thierry Henry est un leader, un guide pour les jeunes ?

Je ne suis pas sûr. Tu sens quand même chez lui un individualisme prédominant. Il joue et construit sa carrière de façon complètement personnelle. Il est dans le « chacun pour soi ».

Le foot devient de plus en plus un sport individuel ou l'on gère SA carrière. Regarde ce qui s'est passé à Arsenal. Son départ a été digéré à grande vitesse ! On est passé d'une catastrophe annoncée à une situation totalement normalisée.

On peut me raconter ce qu'on veut, mais c'est Henry qui sort Trezeguet de l'équipe de France. Chez les Bleus, on parlait du problème pour Henry de jouer sur un côté. Il fallait qu'il soit dans l'axe. À Barcelone, ce n'est plus un problème ? Pourtant, en allant là-bas, il sait bien que Samuel Eto'o ne va pas lui laisser sa place. D'un coup, Henry ne serait devenu qu'un attaquant axial ? Exclusivement une pointe ? C'est quand même très étonnant, non ? Et, de façon tout aussi soudaine, Henry et Trezeguet ne peuvent plus jouer ensemble ? Leur cinéma ne prend pas avec moi. C'est une affaire d'ego, voilà tout...

Quant au record de Platini, il faut quand même être naïf, voire idiot, pour dire que les vraies performances, ce n'est pas de marquer des buts contre les Féroé ou la Lituanie, ou de briller en Coupe des Confédérations. 9 buts à l'Euro 84 ! Tu comprends, tu mesures ce que ça veut dire ? Est-ce qu'on parle de la même chose[1] ?

Et puis, après ce fameux « record », à la fin du match, Henry a dédié ses buts à son père qui a des problèmes de santé ! A-t-il besoin d'étaler sa vie de cette façon ? Je t'avoue que ça me gêne. Enfin, pour conclure sur Henry, je dirais que son talent est indéniable mais que j'ai du mal avec sa personnalité, voilà c'est tout ! On s'est déjà rencontrés, on s'est parlé mais je crois qu'on ne s'est pas compris !

Un ancien grand international, champion du monde, m'a parlé de la soif de reconnaissance individuelle de Henry. En France, il a été évidemment devancé par Zidane, on a même douté de ses qualités malgré tous ses buts en Angleterre. On parlait toujours de la fébrilité des défenses anglaises. Il court après la place qu'il estime devoir avoir dans l'histoire du foot.

Je comprends ce que cette personne veut dire. Tout cela est certainement vrai. En clair, tu auras compris que je préfère de très loin un gars comme Zidane.

---

1. Fin 2007, Thierry Henry a battu le record du nombre de buts marqués, détenu par Michel Platini. Un record qui s'élevait à 41 buts en 72 sélections.

Il part le jour de mon anniversaire ! Encore un clin d'œil du destin. C'est terrible. Pour quelqu'un qui, comme moi, croit beaucoup aux trajectoires, au destin, ça veut dire quelque chose, non ?

Le 2 octobre 2007, Luis fête ses quarante-sept ans. Mais l'un des premiers coups de fil qu'il reçoit ce matin-là n'a rien de festif. La conversation est brève, Luis murmure deux, trois mots, puis raccroche. « Francis est mort, ça y est ! » me dit-il, le regard vague. Depuis de longues années, Francis Borelli était malade. Ces derniers jours, son état de santé s'était aggravé, rendant cette issue inéluctable. Luis attendait cette nouvelle. Son émotion est vive, il vient de perdre l'une des personnes qui a le plus compté dans sa vie. Quelques jours plus tard, aux obsèques, Luis est évidemment présent au milieu de la famille du défunt, au milieu de son autre famille aussi, celle du PSG. Dans l'église de Neuilly, il y a foule. Anciens joueurs du PSG, supporters, amis, parents...

Il m'a pris sous son aile. C'est à ses côtés que j'ai grandi. J'ai l'impression d'avoir toujours été proche de lui. Au PSG, puis à Cannes. Je démarre comme joueur et entraîneur avec lui... Que dire de plus ? Je ne sais pas trop par où commencer pour te parler de lui. Alors, permets-moi d'être un peu désordonné... Quitter le PSG en 1991 a été pour lui une vraie déchirure, ça lui a fait très mal. C'est un tournant dans sa vie. Il pouvait être frimeur, baratineur. C'était un affectif. Un vrai personnage. La Coupe de France 1982 reste un moment très fort, incroyable. Cette finale, quel événement ! C'était le dernier match de Platini en France. Il y avait beaucoup de choses autour de ce match, qui reste historique. C'était le premier match télévisé du PSG et, en plus, face à Saint-Étienne. Les Verts, c'était la seule équipe de foot en France connue du grand public. L'équipe soutenue par tout le monde. Ce soir-là, le PSG a l'occasion de se faire connaître aussi. On devient connus parce qu'en plus, il y a des images qui vont rester. Le « baiser du Parc », l'attitude de Borelli, son personnage, ça a fait beaucoup de bien au PSG. Ce jour-là, c'est comme une naissance pour nous tous, pour le club… Et ça débouche sur la Coupe d'Europe. Le premier match face au Lokomotiv Sofia. Le match retour est une nouvelle fois télévisé. Il faut se souvenir que le foot à la télé, c'est quelque chose de rare à l'époque. On gagne 5/1. Un super match avec à la fin Toko – auteur d'un but fantastique – qui répond au journaliste venu au bord du terrain : « Toko, c'est le plus beau but de votre vie, non ? » Et Toko : « Mais vous me connaissez, j'en ai quand même marqué des plus beaux… »

Luis connaît cette histoire par cœur, mais elle provoque toujours chez lui un grand éclat de rire et une pointe de nostalgie…

C'était la personnalité du PSG de l'époque, joyeux, sympa. Borelli est à l'origine de tout ça. Sa personnalité rejaillit sur nous. L'histoire, elle est là ! Le PSG, ce n'est pas Canal +. Ce n'est pas que ça ! Et pendant trop longtemps « ils » ont voulu nous faire croire ça ! Borelli a fait signer des super joueurs : un champion du monde, Ardilès, est venu chez nous. Il y a eu Surjak, Susic, Bathenay, Rocheteau, Couriol, Bats… Le temps estompe toujours un peu trop la valeur des choses. L'importance de ce qu'a fait Borelli est relativisée, mais l'histoire reste pour ceux qui la connaissent.

Tu sais, ça me fait penser au jour où j'ai appris la mort de Thierry Bacconnier, six mois après. On a été champions ensemble, en 1986. Merde, j'étais fou de rage que personne ne m'ait prévenu.

Borelli, ça devait être une façon de présider un peu particulière, non ? Le personnage, son attitude, il a souvent donné l'image d'un homme un peu décalé dans le milieu.

Il était différent, si tu penses aux autres présidents de l'époque. Il venait de la publicité. Il avait une allure, un look différent avec ses fringues de couleur. Il était très soigné, toujours à la pointe de la mode. Il était proche des joueurs, parfois paternaliste, mais en même temps, il les vouvoyait. Il disait : « Monsieur Susic... » ! Après, il y a le folklore, le côté pied-noir. Ça donne deux trois anecdotes sympas. Avec son côté pied-noir, tout le monde pensait qu'il était juif, mais en fait pas du tout. Une année, on joue en Coupe d'Europe contre un club hongrois au nom bizarre, Videoton. On perd à l'aller au Parc, mais ça semble tellement improbable qu'on pense pouvoir se qualifier là-bas. Et au retour, ça démarre mal. On est menés 1/0 quand un brouillard terrible oblige l'arbitre à arrêter la rencontre. On rentre aux vestiaires et, là, Borelli arrive pour nous parler. Il nous dit : « Ce qui vient de se passer, mes enfants, c'est l'intervention de Dieu. C'est la Providence, c'est notre chance. Le match va reprendre et on va gagner, vous allez voir... » Il était illuminé, il croyait vraiment à son truc. Mais le lendemain on est revenus et on a perdu. Dieu et le brouillard n'avaient rien à voir là-dedans. Cette équipe était vraiment bonne. Je crois même que cette année-là, ils sont allés en finale de la coupe UEFA contre le Real !

Je me souviens aussi de Georges Peyroche, notre coach, qui avait appris son limogeage alors qu'il était à l'hôpital. Il devait se faire opérer de je ne sais plus quoi. Et Borelli vient le voir pour lui dire qu'il est viré, juste avant de descendre en salle d'opération ! Certains ont alors dit qu'il n'avait pas eu besoin d'anesthésie, du coup ! *(Ce souvenir amuse énormément Luis.)* Peyroche est ensuite revenu. Ce PSG était un peu fou quand même. On a beaucoup dit que c'était un président « roublard ». C'est lui qui se définissait comme ça, en plus. Un homme pour lequel j'ai eu du respect, de l'estime, de l'amour. Borelli, c'est quelqu'un qui m'aura marqué. Il était là au départ de mon aventure avec le PSG en 1978. Cette excellente relation ne m'a pas empêché d'avoir des accrochages avec lui ! Nous avons parfois été durs l'un envers l'autre, mais jamais ça ne nous a empêchés de nous aimer. Il a toujours dit en parlant de moi : «C'est mon fils. » Et moi, quand je parlais de lui, je disais : « C'est mon père. » D'habitude, les relations entre un père et un fils sont excellentes, et en même temps un peu tendues. Car l'enfant grandit, ouvre les yeux, veut s'affirmer, s'exprimer. J'étais un enfant quand on s'est connus, et j'ai grandi au sein du Paris Saint-Germain. Rien ne pouvait nous fâcher. Avec ses excès, ses coups de folie, il était fantastique. Il avait l'art de savoir se faire aimer et respecter. On avait le même tempérament. C'était un homme de cœur, qui n'oubliait jamais rien. C'était même stupéfiant parfois, car il n'oubliait ni ton anniversaire, ni la date de ton mariage, ni l'anniversaire de ta femme.

Tu parlais d'accrochages parfois, de quel ordre étaient vos disputes?

Il nous est effectivement arrivé de ne pas être d'accord. Il m'appelait toujours comme ça: «fils, fils...». Un jour, énervé, je lui avais répondu: «Arrête de m'appeler fils, parce que si les gens savait ce que tu lui fais, à ton fils...» Car il faut quand même savoir que, sous prétexte que j'étais «son fils», longtemps j'ai été un joueur sous-payé. Parfois, c'était à la limite de l'exploitation.

Mais, au final, tout cela est anecdotique. Reste ce lien indéfectible. On travaillait ensemble, on mangeait ensemble. On a vécu tellement de choses ensemble.

Vos routes se sont séparées en 1986, puis vous vous êtes retrouvés...

J'ai retrouvé Francis Borelli à Cannes. Nous nous étions dit que jamais on ne reviendrait sur mon départ du PSG en 1986. C'était un épisode douloureux à oublier. Quand il a débarqué sur la Croisette, il n'était pas en super forme. Il était en effet encore sous le coup de la déception. Il avait vécu comme un déchirement son éviction au moment du rachat du club par Canal +. Il avait dû quitter le PSG, c'est un peu comme si on lui avait enlevé son enfant. Il n'était plus le même. Pourtant il se réjouissait de revenir dans le foot professionnel en tant que président de l'AS Cannes. Il a d'ailleurs bien travaillé là-bas, apportant calme et sérénité au club. Il est arrivé à l'occasion d'un match contre Mulhouse. Je ne jouais pas, j'étais blessé. Il faisait un froid glacial et le match n'avait réchauffé personne. Il s'était terminé sur un nul 0 à 0. À la fin du match, le public a sifflé et Borelli a compris qu'il fallait tenter quelque chose pour que l'AS Cannes retrouve son éclat. Il a toujours été comme ça: il commençait par observer et ensuite il communiquait son savoir-faire, avec sa correction, avec respect et attention vis-à-vis des hommes qu'il dirigeait. Il a mis du temps avant de prendre ses premières décisions. Je le trouvais en dedans par rapport à l'homme que j'avais connu au PSG. Il ne m'a jamais parlé des hommes qui l'avaient remplacé à la tête du PSG. Jamais ! C'était quelqu'un d'une grande courtoisie, qui savait garder ses malheurs pour lui.

Borelli, c'est aussi le souvenir de cette époque parisienne, de Georges Peyroche, de la bande de joueurs qu'on formait...

Dahleb, Toko, Bouba, Safet, Pilorget... tous ces joueurs m'ont marqué. On a tellement de souvenirs ensemble. On était encadrés par Georges.

Où places-tu Peyroche sur l'échelle des entraîneurs que tu as connus ?

Je le place très haut. Peyroche me ramène à tellement de bons souvenirs ! C'était un entraîneur d'une autre époque. Il a fait grandir le PSG en lui offrant une vraie identité : un jeu offensif, qui allait bien à Paris ! Il y avait peut-être moins de recherche tactique. On axait moins le jeu sur le physique. Peyroche travaillait seul, il n'avait pas un staff similaire à ce qu'on peut trouver aujourd'hui autour d'un coach. C'était un football principalement technique. L'entraîneur intervenait dans ta motivation, pour te sublimer, et Peyroche était très fort dans ce domaine.

Je l'ai souvent qualifié d'entraîneur « romantique ». Tu en penses quoi ? Ses cheveux fouillis, son football enlevé, son goût du risque...

Oui, c'est un peu ça. Quand je pense à la finale de la Coupe de France contre Saint-Étienne en 1982, je me demande quel autre entraîneur aurait pu aligner une telle équipe. Ses choix étaient parfois déroutants. Dans les buts, Baratelli, devant lui Lemoult, Bathenay, Pilorget et Col. Un milieu défensif, moi, et Boubacar, Dalheb, Surjak, Rocheteau et Toko... pas mal, non ? Ça ramène au PSG de Fontaine et Hechter, on reste dans la tradition. Georges, comme Hidalgo à cette époque, est un des hommes importants de ma vie. C'est avec eux que je deviens un joueur de haut niveau.

C'est la période où tu découvres la Coupe d'Europe, on a déjà parlé du premier match, mais pour sa première participation, le PSG va en quart de finale...

Oui, et on se fait taper en Belgique. On s'est clairement fait voler. Sur le coup, tu es dedans, tu ne te rends pas trop compte.

Et puis après, à froid, tu t'aperçois qu'il y a eu beaucoup de choses bien louches. La Coupe d'Europe à mon époque était parfois synonyme de ce genre de choses. Aujourd'hui, les instances internationales sont bien plus vigilantes. Ça ne peut plus arriver. Et puis, à la télé, ça se voit. Contre Waterschei, le match retour n'était même pas diffusé. Et on s'est fait enfler. On gagne 2/0 à l'aller, Pilorget et moi marquons les fameux deux buts qui donnent le score idéal en Coupe d'Europe. Et puis, c'est le traquenard. On n'est pas prêts à vivre ça. C'est la première fois qu'on joue à ce niveau, c'est un quart de Coupe d'Europe quand même ! Baratelli se voit sanctionné d'un coup franc parce qu'il marche trop dans la surface, Lemoult se bat avec un ramasseur de balle et se fait expulser… Rocheteau part seul, il est descendu et il n'y a rien… enfin voilà. À côté de ça, on n'a pas tout fait comme il fallait non plus. C'était l'époque de la naïveté des Français. Boubacar avait joué arrière gauche, Peyroche n'avait pas du tout pensé à défendre les deux buts d'avance. Et puis certains pensaient que ça allait être facile. En France, la culture foot a toujours été nulle. Un seul club belge, Anderlecht, a remporté plus de Coupes d'Europe que tout le football français. Waterschei, cette année-là, avait marqué 14 buts lors des deux premiers tours…

Cette année-là, c'est le Aberdeen d'Alex Ferguson qui gagne cette Coupe d'Europe face au Real. Chez les Écossais, il y avait Alex Mc Leish, Gordon Strachan, Jim Leighton et l'inconnu Peter Weir qui, en finale, avait rendu fou Camacho. Côté Real, Di Stefano était le coach, Stieleke, Santillana, Juanito… c'était du lourd. Cette année-là, on avait, nous aussi, une super équipe et, au Parc, il se passait vraiment quelque chose. Après notre premier tour face au Lokomotiv Sofia et le spectacle qu'on avait offert, le 5/1 au retour, on suscitait l'enthousiasme. La Coupe d'Europe, c'est ce qui a fait la légende du club. D'ailleurs, contre Waterschei, il y avait 49 000 personnes au Parc, un record jamais égalé !

On dit aussi qu'au PSG, le vestiaire est ouvert à l'époque. Il y a beaucoup de monde avant et après les matchs.

Oui, c'est vrai. Le PSG, club de la capitale, a toujours attiré beaucoup de monde. Et comme ce n'était pas aussi strict que maintenant, après les matchs tu avais des amis, des peoples, des politiques. C'était open. Et puis Francis connaissait beaucoup de monde dans plein de milieux. Il aimait le brillant, sans que ce soit péjoratif. Mais sous l'ère Denisot aussi, après les matchs, il y avait une bonne ambiance et pas mal de monde en visite. C'était la grande époque de Canal. Être au Parc a toujours été important. Cela a toujours été vrai, c'est l'histoire de ce club, non ?

Tu quittes le PSG et Borelli pour aller « en face », au Racing. Tu découvres alors un autre personnage qui a compté dans ta vie…

Je rencontre Jean-Luc Lagardère en 1986. La première fois, c'est évidemment pour le transfert. Rapidement, une vraie relation est née. Il m'appréciait et je le respectais beaucoup. Il adorait le sport, les chevaux. On avait des passions communes. On est devenus très intimes. C'était plus que président/joueur. Il aimait ma sincérité. Quand je suis parti du Racing, on est restés liés. C'était pour moi comme un protecteur. Quand je le voyais, on avait un rapport privilégié. Si j'avais des problèmes, au PSG notamment, il me passait un coup de fil, n'hésitait à bouger, à faire quelque chose pour moi. Il me conseillait. Ça a été une personne importante dans ma vie. Il me recevait dans son bureau, rue de Presbourg, parfois entre deux rendez-vous, toujours avec le sourire, et on parlait foot ou pas d'ailleurs… ça le changeait de son quotidien des affaires. Il lui arrivait de me demander mon avis. Et si j'avais un problème, il me disait : « Ne t'inquiète pas, je vais arranger ça. » C'était le genre d'homme que tu avais envie d'épater. Au-delà de sa condition, de son statut dont il se foutait du reste, il sentait chez les gens la capacité à réussir. C'était un type simple et, quand il te donnait son amitié, il était droit, il « gardait » les gens…

C'est l'une des vraies rencontres de ma vie. C'est une chance inouïe d'avoir connu et d'avoir été apprécié par un homme pareil ! On se croisait aux courses aussi. Il me voyait, m'appelait même s'il était accompagné de gens importants, et on discutait. C'est très valorisant d'être aimé d'un homme pareil, vraiment. Et en retour, je n'avais qu'une envie, celle de ne jamais le décevoir. Et j'ai eu ce rapport avec beaucoup de gens dans ma vie : Borelli, Pierre Alonzo, Jean-Luc Lagardère, Alain Pedretti aussi. À Cannes, il m'a fait signer un contrat alors que j'étais blessé, il m'a fait confiance sans savoir ce que je pourrais lui apporter. Et dans ces cas-là, tu es obligé de ne pas décevoir.

Cet homme qui a réussi partout a échoué dans le football…

Jean-Luc Lagardère était un novateur. C'est le milieu qui l'a cassé, il aurait dû réussir. C'était un précurseur, un homme humainement exceptionnel, il voyait loin. Mais le milieu conservateur du foot ne l'a pas accepté. Avec un type comme ça, pourtant, tu vas au bout du monde ! Il aurait pu être comme Gianni Agnelli en Italie. Mais on ne l'a pas laissé faire…

On se souvient très peu de toi au Matra, comme si tu n'y avais pas joué…

J'y suis pourtant resté pendant trois ans. La première année ne se passe pas très bien. Le club vient de monter, il y a plein de vedettes. Bossis, Francescoli, Littbarski, Olmetta, Tusseau. Mais l'osmose ne se fait pas dans le groupe. Les entraîneurs sont Takac, et Svunka avec qui on termine l'année. La deuxième saison, c'est Artur Jorge qui dirige l'équipe. C'est beaucoup mieux. Là, je me blesse et c'est fini. Je joue pas mal de temps avec le genou gonflé, un cauchemar. Le club manque l'Europe d'un rien. La troisième année, le coach est René Hauss. Le club ne vaut plus grand-chose, Jean-Luc Lagardère se retire à la fin de cette année-là. Dans ma carrière, cette période correspond quand même à ma grave blessure au genou. J'ai bien cru ne pas pouvoir rejouer…

Ce transfert au Matra avait fait jaser. Et c'est un échec autant pour Jean-Luc Lagardère que pour moi. Mais Jean-luc ne méritait pas cela. Humainement, il était fantastique ! Pas un seul joueur du Matra de cette époque ne peut dire le contraire. Un comportement clair, précis, honnête. Le Matra racing, c'est un échec collectif, il faut savoir l'analyser. Trop de clans se sont créés au sein de cette équipe, trop de problèmes entre les joueurs. On ne maîtrisait pas grand-chose et, surtout, personne ne soutenait Jean-Luc Lagardère.

Pendant ce temps-là, à Marseille, Bernard Tapie était très entouré, notamment par Michel Hidalgo et Gérard Banide. Le Matra racing n'aurait jamais dû essayer de conquérir le public du Parc des Princes. C'était un public PSG qui devait rester PSG. Il y avait toujours au moins quinze à vingt mille spectateurs pour le PSG alors que, pour le Matra, ça tournait seulement à cinq ou six mille personnes. Cependant, lorsqu'Artur Jorge est arrivé, le Matra a failli décoller. En six mois, on est remontés à la 2e place du classement. Mais Jorge a été atteint par un drame personnel. Nos résultats en ont pâti. Le climat général s'est alors détérioré.

À l'époque, on a aussi dit que tu avais trahi le PSG en allant là-bas…

D'abord, il faut quand même savoir qu'il n'y avait aucune rivalité entre les deux clubs. Ce n'était pas le vrai derby, rien à voir avec l'idée de passer de Paris à Marseille aujourd'hui.

On a dit que je quittais le PSG pour gagner plus d'argent mais, pour bien comprendre, il faut voir ce qui s'est passé deux ans avant la fin de mon contrat au PSG. D'abord, mon club restait, quoi qu'il en soit, le PSG. C'est un peu comme quelqu'un qui divorce et qui, finalement, revient vers sa femme car il n'a pas pu, pas su trouver l'amour ailleurs.

Lorsque j'ai quitté le PSG, je l'ai fait avec beaucoup de peine… Jusqu'au dernier moment, j'ai cru pouvoir rester. Le maire de Paris d'alors, Jacques Chirac, m'avait adressé un petit mot qui m'avait fait chaud au cœur. Les gens qui étaient à mes côtés à l'époque savent ce que j'ai pu ressentir. Quand je suis parti, c'était comme si je venais de perdre quelqu'un de cher.

Mais le différend entre Borelli et toi, qui engendre ton départ au Matra, est financier, non ?

Oui, j'ai rencontré Francis Borelli en compagnie de mon beau-père et de Charley Marouani, son cousin, qui sera ensuite mon agent. Mon premier contrat, je l'ai signé à vingt-deux ans pour quatre ans. Je suis passé de 15 000 à 18 000 francs, puis de 22 000 à 25 000 francs. En 1986, j'allais me marier. J'étais devenu important dans l'équipe, j'étais international, élu meilleur joueur du championnat. Nous avons donc demandé à Francis Borelli une augmentation. On voulait passer à un salaire de 70 000 francs. Francis s'est braqué, je crois qu'il jouait sur mon attachement à lui, au club. Il ne pensait pas que je pourrais partir… Voilà, sportivement ça ne s'est pas bien passé, mais je ne regrette rien. Comme je disais, cela m'a permis de rencontrer Lagardère.

Finalement, tu as eu le plus souvent de très bons rapports avec les présidents des clubs où tu es passé. Ce sont, pour la plupart, des hommes qui ont compté…

Oui, c'est vrai, Borelli, Lagardère, Pedretti, Arrate à Bilbao… En fait, il n'y a qu'au PSG que ça ne s'est pas bien passé. À un moment, on a même dit que je ne pouvais pas m'entendre avec eux parce qu'il y avait une différence de « niveau ». Tu te souviens, on disait ça quand on parlait de ma relation avec Laurent Perpère, un énarque ! Franchement, ça me fait rire, ça se passe de commentaire, non ? Ils ont affiché souvent une forme de mépris à mon égard. Moi je ne fréquentais pas de type à ce niveau, mais au-dessus ! Lagardère, c'est effectivement d'un autre niveau qu'un Perpère, ça c'est certain. Perpère et Denisot, ça manque de dimension. Ils n'entrent pas dans la même catégorie que les hommes dont on parlait plus haut, ni humainement ni professionnellement… Et je placerai Alain Cayzac dans la première catégorie. On s'est entendus et on aurait pu s'entendre encore mieux. Il a une vraie dimension. Et humainement, c'est quelqu'un de bien.

Tu entretiens des rapports avec Arnaud Lagardère, le fils de Jean-Luc ?

Un jour, lors d'une conférence au sujet de Paris 2012, devant tout le monde – Bertrand Delanoë, David Douillet entre autres – Arnaud a dit, en parlant de moi, que je faisais partie de la famille. J'ai été extrêmement touché par ces mots. Le fils est très différent du père, il aime le sport mais pas les chevaux, pas le foot. Le convaincre de se lancer dans le foot est vain, je pense.

Tu as fréquenté la plupart des personnages importants du monde du foot des trente dernières années, qu'en est-il de Bernard Tapie ?

Il a essayé de me faire signer à Marseille, en tant que joueur en 1986, et plus tard au poste d'entraîneur. À l'époque, on est allés le voir avec Charley et mon beau-père. En sortant du rendez-vous avenue Foch à Paris, mon beau-père m'a dit : « Tu as deux possibilités, soit tu veux avoir des problèmes, soit tu veux être tranquille. » Franchement, on ne l'a pas senti, il y avait un truc qui ne passait pas. Pourtant, Tapie est un type convaincant, séducteur, tout ce que tu veux.

On a souvent dit pourtant que personne ne pouvait lui résister…

Joueur ou entraîneur, je lui ai pourtant résisté trois fois et je peux te dire que mon instinct a été efficace. Je n'aurais pas aimé travailler avec lui. Je crois que j'ai bien fait, non ? Gamin, dans la rue, j'aimais faire le mariole. La roublardise m'a toujours tenté. Si je pouvais rentrer au ciné sans payer, je le faisais. J'ai été un « loulou ». Mais, tu vois, le terme est aussi désuet que l'inconsistance de mes méfaits de jeunesse, au fond. Et puis, une fois entré au centre de formation, tout est devenu clair, propre dans ma tête.

La période Tapie est un choc. On découvre la corruption ! Mon idéal en prend un sacré coup. Je lis les journaux et découvre ces affaires. Tapie est en plus un politique, un type qui est censé être un exemple. Et il entraîne des joueurs dans son vice. Je trouve ça terrible. Ce qui se passe à ce moment-là, les affaires, c'est très loin de mes idées. Mais, je vais te dire, je ne veux même pas juger les hommes ou les joueurs qui ont été confrontés à ça. Chacun sa conscience, chacun ses idéaux. À un moment, certains ont, ou auront, besoin d'alléger leur conscience, quand ça commencera à faire mal. Moi, je reste dans mon monde où par définition tout est beau, tout est propre. Voilà ma base, après évidemment je n'ignore rien des réalités actuelles. Le business, le marketing, les agents… tout ce qui tourne autour du foot, Je sais évidemment tout cela. Je suis idéaliste peut-être, mais pas con ! Dans le foot français, Tapie correspond pour moi à la fin de beaucoup d'illusions.

Bilbao arrive en 1996, à une période où j'avais envie d'une coupure. Je ne voulais plus entraîner, j'avais besoin de décrocher un peu. Je sortais de deux années au PSG et c'était le bon moment.

Le président de l'Athletic Bilbao a su me parler, j'ai été séduit par son discours. Après la première prise de contact, j'avais demandé qu'on me laisse tranquille. Je voulais partir une semaine en vacances avec ma femme. Je leur ai proposé qu'on se revoie à mon retour. À peine rentré, ils étaient là. Les discussions se sont tout de suite bien passées. Mais le plus délicat était de partir. Quitter la France, c'était une première pour moi et pour ma famille... Une décision compliquée, mais qui finalement est devenue évidente assez vite. Une fois sur place, on s'est tout de suite sentis très bien. Ma femme était à l'aise aussi. Le président du club, un type formidable, s'est d'ailleurs attaché principalement à convaincre Audrey. Il a compris que, dans ce choix de carrière, elle était importante. Il fallait qu'elle se sente bien pour que je sois bien. Ils ont su lui parler, me parler. Ce sont des gens bien. José Maria Arrate, le président, est une personne qui a compté dans notre vie. Il m'a marqué moi, mais aussi ma famille, et ça c'est très important.

Tu as trouvé là une personne comme tu les aimes. Un président pour lequel la relation humaine est primordiale, un affectif comme toi...

Exactement, et tu sais que je marche à ça. J'ai été en confiance tout de suite. Et j'ai surtout compris qu'il allait me faire confiance. Après le PSG et les relations plutôt froides avec Michel Denisot, c'est ce qu'il me fallait. À côté de ces gens-là, Denisot est bien en dessous, ce n'est pas la même envergure. Ça n'a rien à voir. Je sens donc très vite que ça ne peut que bien se passer. Et puis ces personnes qui m'ont plu, ma femme les a aussi appréciées, c'est un tout. Arrate entre dans ce cadre.

Humainement ça se passe bien, mais sportivement aussi…

J'arrive dans un club où l'identité est un élément capital. L'histoire, la culture, tu sens ça dès que tu entres à San Mamès. C'est un stade qui te touche vraiment. Une ambiance particulière. Tu sens un souffle, une culture profonde. Tu es forcément frappé par ça.

Sportivement donc, c'est la Coupe de l'UEFA la première année, la Ligue des Champions l'année suivante. Des résultats que le club n'avait pas connus depuis longtemps et qu'il n'a pas vécus à nouveau depuis. Le groupe est fort. Tu n'as pas de capricieux, de « petites histoires » qui te pourrissent un vestiaire. Je me souviens d'une fête organisée chaque année au moment du Carnaval. Les joueurs se déguisent, impossible de les reconnaître. J'ai vu ça comme un symbole de l'unité de l'équipe. Peu importe qui tu es, l'entente est cordiale, la fête totale. On fait partie de la même famille et c'est ce qui compte le plus. Cette unité, cette identité, c'est une force incroyable. Cela permet de lutter dans les conditions extrêmement difficiles du foot moderne. Ne pas pouvoir recruter de joueurs non-basques, c'est quand même très compliqué. Mais tout le monde s'en accommode et respecte cette tradition.

Franchement, j'ai passé là-bas quatre saisons magnifiques. C'est beaucoup, quatre ans dans un club. Je suis fier de ce que j'ai fait à Bilbao.

Tu as quand même eu une expérience malheureuse avec un joueur, un Basque français…

Tu veux parler de Lizarazu ! C'est une grande déception dans ma carrière. On arrive tous les deux en même temps au club. Basque pour lui, ça veut dire quelque chose. Ça veut tout dire même. Comme beaucoup de gens, tu l'as souvent entendu parler de ça. Et à l'Athletic, c'est fondamental ! Il devient le premier Basque non-espagnol à évoluer dans ce club, c'est un événement !

Quand il arrive, il souffre d'une pubalgie. C'est donc difficile pour lui de bien s'intégrer sportivement. Mais à côté de ça, tout se passe bien. Nos deux familles sont naturellement proches.

Nos femmes étaient souvent ensemble. Entre nous, les rapports étaient bons, sains. On était prêts à vivre une belle aventure.

Au club, en ville, il jouit d'une image hyper positive. Il n'est pas français, il est basque ! Et il le revendique. Des deux côtés, club et joueur, c'est un honneur de partager cette aventure. Reste que sa blessure l'empêche de s'épanouir pleinement. Il joue, il est titulaire mais pas au top. En janvier, il décide, en toute logique, de se faire opérer. Il part en Allemagne.

Durant cette période, le président Jose Maria Arrate me dit que le Bayern cherche à le recruter. Je suis surpris et je vais le voir. On en parle et il me répond qu'il est bien à Bilbao. En gros, il n'a aucune raison d'aller voir ailleurs. Le temps passe, il se soigne. Soucieux de ne rien précipiter, je lui laisse le temps de bien se remettre. On ne veut prendre aucun risque. Dans la tête de tout le monde, il est là pour longtemps, il est chez lui. Logiquement je pense même qu'à terme, il va devenir le capitaine de l'équipe. Reste cette rumeur qui perdure, mieux elle s'amplifie. Le président me dit même qu'il est prêt à l'augmenter sensiblement s'il le souhaite. Il ne peut pas être dans de meilleures conditions. C'est sa terre, son environnement, il a le surf… tout ce qu'il veut !

Je me tourne alors vers son agent Frédéric Dobraje qui m'assure que Liza veut rester à Bilbao. On ne peut pas prendre soin de lui mieux qu'on l'a fait. Je lui propose même de vivre en France s'il le souhaite, chez lui, à Saint-Jean de Luz. Finalement, on découvre que le contact avec le Bayern existe. Dobraje lâche le morceau. On avait pourtant déjà tout négocié quant à son avenir au club. Il disposait de conditions « béton ». Néanmoins, il décide de faire machine arrière. Une chose que les Basques apprécient très peu. Il aurait dû le savoir… Il est basque, non ? J'entends alors parler d'un coup de fil entre Liza et Aimé Jacquet. La Coupe du monde approchant, le sélectionneur préfère le voir dans un grand club comme le Bayern. Le message, en gros, c'est que Bilbao, ça parle peu aux gens par rapport au Bayern.

La conférence de presse au cours de laquelle il annonce son départ se passe mal. Les questions sont dures. Tout le monde se souvient de ses déclarations d'amour encore toutes récentes, toutes fraîches. Il est basque, il adore l'idée de jouer dans ce club. Et il se casse au bout de quelques mois. À la sortie, il se fait bousculer, insulter. Les gens lui en veulent, c'est logique.

Ce manque d'honnêteté est affligeant. Frédéric Dobraje et Liza ont ouvertement menti à tout le monde. Et le pire, c'est qu'il a mis ma responsabilité en avant. Il a évoqué un « désaccord » avec l'entraîneur. Mais de quoi il parle ? Va lui demander, je serais curieux de le savoir ! Les supporters lui en veulent. On lui a dit de ne jamais revenir, de ne plus crier partout qu'il est basque, fier de l'être et autres conneries. Il a quand même pris les gens pour des cons, non ?

Un jour, je l'ai appelé, après qu'il m'ait mis une nouvelle fois en cause. Il était dans sa chambre à Clairefontaine. Je lui ai dit : « Écoute, à partir de maintenant, tu ne parles plus de moi, arrête de chercher des excuses bidon. Expose les vraies raisons de ton départ : le Bayern, un salaire plus gros dans un club plus gros. »

Cet égoïsme est révoltant. Depuis, je l'entends beaucoup moins parler de l'Athletic, de sa région. De surf oui, mais du Pays basque moins !

Au total, dans ce club qui devait être le sien, il a joué quoi ? seize matches ! Sans lui, on s'est qualifiés pour l'UEFA. La saison suivante, on est allés en Ligue des Champions. C'est pas mal, non ?

Et Aimé Jacquet ? Je n'ai pas aimé son attitude dans cette affaire. En règle générale, je n'aime pas trop les gens qui parlent en douce, en coulisse, les hommes qu'en politique, on appelle de « cabinet ».

En 2000, à son retour en France, Luis Fernandez reste quelques mois sans club. Il devient consultant pour la TV. Six mois plus tard, il revient au PSG. Ce sera sa dernière expérience en France. Une longue page «étrangère» s'ouvre en effet devant lui... C'est à nouveau en Espagne, où sa cote est bonne, qu'il retourne. Il passe six mois à Barcelone à l'Espanyol. Sa mission est de sauver le club de la relégation.

Pourquoi n'es-tu pas resté à l'Espanyol? Tout se passait bien pourtant, tu avais sauvé le club.

L'Espanyol, c'est une grande déception. Sportive d'abord, parce qu'on avait réussi quelque chose de bien. Humaine ensuite, parce que j'ai été trahi.

J'arrive à Barcelone en cours de saison, à l'automne 2003, fin novembre précisément. Le club est au plus mal. L'équipe ne compte en effet que cinq points, six de retard sur le premier non relégable. Pour tous les observateurs, c'est la relégation assurée. J'arrive avec Jean-Louis Gasset. J'amène aussi Cristobal. Il avait joué longtemps dans ce club. Il venait surtout de passer près de trois ans au PSG avec moi. On se connaît donc très bien. À ce moment-là, il ne fait plus rien, sa carrière est terminée. Je le prends comme adjoint: il connaît le club, il peut forcément m'aider. Ce qui se passe ensuite est très simple. Il est bien au club, connaît tout le monde. Il s'émancipe et intègre la cellule de recrutement. Au Mercato, on prend des joueurs comme Hadji, Vignal. Ça marche, on se redresse, le club va mieux.

De son côté, Cristobal se fait sa place. En fin de saison, le club est sauvé: mission accomplie. Mais Cristobal, au lieu d'être de mon côté, me lâche. On discute des conditions d'une prolongation de contrat qui me semble évidente au vu de ce qu'on vient de faire. Mais il ne plaide pas pour moi. En coulisse, j'apprends qu'il fait en sorte que je sois écarté. Le motif invoqué est que je suis trop cher. La réalité est beaucoup plus simple, il veut prendre plus de place dans le staff technique. Logiquement, les négociations n'aboutissent pas et voilà ! Mais elles pouvaient difficilement aboutir puisque, pour certains, le but était qu'un autre entraîneur arrive.

Je ne sais pas mais il me semble que je méritais de continuer avec le club, non ? Au vu de ce que j'avais fait. C'est vraiment un épisode douloureux. Une grande déception. Dégoûté, je quitte le club. J'étais vraiment amer, car j'avais envie de continuer, ce club me plaisait bien.

Luis Fernandez signe pour le club qatarien de Al-Rayyan

Luis Fernandez, ancien entraîneur du Paris SG et de l'Espanyol Barcelone (1e div. espagnole), a signé un contrat d'un an avec Al-Rayyan, a annoncé le club de football qatarien dimanche. Al-Rayyan, deuxième du précédent championnat du Qatar, n'a pas spécifié les détails financiers du contrat mais a précisé qu'une clause de renouvellement pour une autre année, en fonction des résultats, avait été signée. Fernandez, 45 ans, a reconnu dans une conférence de presse avoir reçu plusieurs offres, « mais j'ai choisi Al-Rayyan pour une nouvelle aventure dans ma carrière », a-t-il affirmé. Depuis son départ d'Espagne à la fin de la saison 2003-2004, Fernandez n'exerçait plus comme technicien dans un club mais se consacrait à son émission radiophonique sur RMC. Le Brésilien Sonny Anderson, ancien attaquant de Monaco, Marseille et Lyon, évolue à Al-Rayyan depuis une saison. **www.lemaroc.org le 26-06-2005 à 16h24, transmis par M.Khalid.**

Le Qatar, c'est une destination pour le moins surprenante. Celle des gens en fin de carrière. Pourquoi vas-tu là-bas, pour l'argent ?

Mouais… si tu veux…

Oui, je veux, enfin, j'ai du mal à comprendre sinon…

Bon, plus sérieusement, le Qatar, ça vient après l'Espanyol. Je voulais changer d'air. C'est une période pas très reluisante de ma vie professionnelle. Une bonne proposition s'est présentée, et voilà ! Je savais que ce serait court de toute façon…

L'argent est évidemment un paramètre important. Je ne vais pas faire l'hypocrite. Tous ceux qui vont là-bas ne pensent qu'à ça. À quoi veux-tu penser, au niveau de jeu, au challenge sportif, aux stades pleins, à la Ligue des Champions… voyons, soyons sérieux !

Mais j'aurais quand même préféré aller ailleurs. Et puis, tu sais, le salaire n'était pas si mirobolant. La vérité, c'est qu'en Espagne j'aurais pu gagner plus. La seule différence c'est que là, tu prends de l'argent à rien faire, c'est ça surtout qu'il faut mettre en avant, parce que prendre 80 000 euros, c'est pas énorme !

Pardon, tu vas au Qatar pour ça ? Quand on parle du Qatar, je pensais qu'on avait au minimum cinq zéros sur le chèque…

Pas du tout. tu pensais quoi, qu'ils m'avaient filé des millions d'euros par mois ? T'es fou ! Je voulais juste déconnecter.

Je suis parti avec Éric Blondel, un ami préparateur physique qui avait bossé avec moi au PSG. J'ai également fait venir des joueurs comme Fiorese, Bak ou Olembé. On est restés trois mois seulement et je t'avoue que je n'aime pas trop parler de ça. Ce n'est pas le meilleur souvenir de ma vie ! J'y suis allé pour voir autre chose. Je n'avais pas d'autres propositions, ou en tout cas pas de projet vraiment intéressant. Je me suis dis que cela me permettrait de couper à ce moment-là. Il y a pas mal de joueurs et d'entraîneurs qui vont là-bas. Et c'est aussi pour ça qu'au bout du compte, tu ne déconnectes pas vraiment. Tu croises pleins de gens que tu connais. Il y avait Bruno Metsu, Sonny Anderson, Stopyra, pas mal de Français en fait...

Mais, franchement, tu dois t'emmerder quand même ? J'ai beaucoup de mal à t'imaginer là-bas...

D'un point de vue football, tu ne peux guère t'éclater, ça c'est certain. Il n'y a rien, pas de vie, pas de passion autour du foot. L'entraînement est vraiment léger. Les joueurs viennent mais ne se défoncent pas. Tu ne sens pas chez eux une grande motivation. J'étais là, au milieu d'eux avec l'interprète, et je me disais : mais après tout qu'ont-ils à gagner ?

Malgré tous les efforts fournis pour l'améliorer, le niveau est faible. Pourtant le pays cherche vraiment à développer le sport mais, parfois, cela semble vain. La culture foot, la culture du sport n'existe pas. Les gens ne viennent pas au stade. Au bord du terrain, je m'entendais crier, siffler tout seul, j'avais l'air débile parfois.

Depuis quelques années maintenant, les étrangers viennent pour apporter le haut niveau. Mais souvent, ils sont en fin de carrière et leur motivation est derrière eux. Et puis, ce n'est pas tant le niveau qu'il faut juger, c'est ce que tu fais des joueurs, ce que tu as envie de faire du sport. C'est l'essence même du sport qui est différente. Tu as des types qui veulent développer le foot et qui y mettent de l'argent, mais il ne faut pas que ce soit seulement les étrangers qui apportent quelque chose. Les stades sont superbes mais vides. Tu as cent ou deux cents personnes qui assistent mais ils s'en foutent. Comment et par quoi les joueurs peuvent-ils être motivés, si ce n'est par le chèque ? C'est impossible de progresser. À l'arrivée, ça donne une succession de matchs exhibitions. On est loin du haut niveau. Les joueurs ne font pas attention à ce qu'ils mangent, ils se nourrissent mal. Il faut donc s'adapter parce qu'espérer changer tout cela est vain. Tu ne vas pas te lancer dans le suivi médical, la diététique. Un jour, je vais voir un joueur et je lui dis : « Oh, tu ne vas pas manger comme ça le jour d'un match ? » Ma remarque l'a laissé de marbre, il ne comprenait pas ce que je voulais dire. Il était loin de ce genre de considération. Cela n'empêche pas qu'à l'entraînement, certains veulent savoir, écoutent ce que tu dis. Mais la plupart sont quand même assez indifférents à tes explications. Cela semble trop loin de leur culture.

Être ponctuel ou même présent tous les jours à l'entraînement n'est pas plus évident à obtenir. Ils ne viennent pas à l'entraînement et t'inventent des excuses bidon. Tu fais quoi dans ce cas ? Sanctionner ? Ça sert à quoi ? Parfois quand tu constates la chaleur qu'il fait sur le terrain, tu peux comprendre que l'idée de s'entraîner ne les enchante guère. Il fait souvent chaud, trop chaud pour bosser.

Mais il y a quand même des épreuves, des compétitions, non ?

Il y a un ministère qui s'occupe de tout dans le sport. C'est là qu'on répartit les ressources. Ils disent : « Tiens, toi, tu prendras tant » et ainsi de suite. Les budgets des clubs sont centralisés. Les clubs appartiennent à des princes, c'est leur petite compétition à eux. Le ministère gère donc les budgets de plusieurs clubs, mais ce qui est curieux, c'est qu'on ne donne pas le même à chacun. Je n'ai toujours pas compris comment ça fonctionnait. En gros, on se répartit les clubs en famille. Après on recrute à l'étranger, des coachs, des joueurs. Pour cela, des émissaires qatari partent en Europe et se mettent en quête d'entraîneurs ou de joueurs. Ils ont leur budget et partent faire leur marché avec des valises bien pleines. Je te laisse imaginer ce qui peut se passer.

Parfois les dossiers mettent un temps fou à se régler. C'est d'une lenteur surprenante. Entre-temps, il arrive que les prix montent. Et puis il y a beaucoup d'intermédiaires qui doivent se mettre d'accord. Si un joueur vaut 100, l'agent dit au Qatari qu'il en vaut 110. Et derrière, l'émissaire qatari en demande 120 à son ministère.

Enfin, c'est très compliqué. Mais l'argent n'a pas la même valeur chez eux. Ça tourne et tout le monde en profite. Et de l'argent, il y en a...

Mais ce n'est pas ça qui t'a fait partir ?

Pas directement non. Ce qui me saoulait le plus, c'était le manque de compétition. Tu t'encroûtes, tu t'ennuies. C'est terrible !

Parfois je me demandais à quoi servait le championnat. Tu as l'impression que les choses sont décidées à l'avance. On se partage les matchs. Il y avait trois ou quatre compétitions et, très vite, je me suis aperçu que toute l'organisation était louche. Un jour je vais voir le prince et je lui dis : « Dites-moi, M'sieur le prince, quelle est la compétition qu'on va gagner cette année ? » Il me répond : « Mais pourquoi dites-vous ça ? – Eh bien parce que, tant qu'à faire, j'aimerais le savoir avant puisque c'est vous qui décidez. Parce que, mon adjoint Abdallah et moi, on bosse, on prépare les matchs, on fait des séances vidéos. Et je me dis que ça ne sert à rien. Et être pris pour un con, ça me plaît pas... »

Un jour je parle avec Michel Rouquette, l'adjoint de Bruno Metsu, qui entraînait alors le El Gharrafa de Doha, je crois. On est au bord d'un terrain et il me montre un entraîneur : « Tu vois, le gars-là, c'est un Roumain, eh bien lui, il a tout compris. Il ne fait rien, il a signé un beau contrat, et il attend juste d'être viré. » Le gars était en effet là, assis sur un ballon avec une cigarette, pendant que ses joueurs s'occupaient et s'entraînaient seuls. Il y a comme ça des entraîneurs, des mercenaires qui tournent dans le golfe Persique, de club en club.

Moi, comme un idiot, j'étais arrivé avec l'idée de bosser sérieusement, alors que les arbitres recevaient des instructions. Ça faisait partie de leur contrat à eux aussi. Il y a des arbitres étrangers qui viennent juste pour faire des piges bien payées, nourris logés dans de super hôtels...

Ça, du luxe, tu en as, tu as plein de choses pour profiter de la vie, de la mer et d'autres activités... Mais tout ça, ce n'était vraiment pas fait pour moi.

Luis Fernandez suspendu après une agression
L'entraîneur français, Luis Fernandez, a été suspendu deux matchs suite à une agression sur un joueur de l'équipe adverse, lors d'un match officiel. Actuellement entraîneur du Al-Rayyan, au Qatar, il disputait une rencontre contre Al Khor. Il doit également payer une amende de 5000 euros. **(www.blog-football.net)**

Eh bien, où tu as retrouvé ça ? J'avais complètement oublié cette histoire. J'avais mal réagi par rapport à un joueur qui était venu nous chambrer, il passait devant le banc, j'ai mis le bras. Cela s'est transformé en coup de coude. Je l'ai à peine touché et il s'est écroulé comme une feuille. Je ne suis pas sûr que cette histoire mérite plus ample développement…

Mi-novembre 2005, Luis Fernandez quitte le Qatar. Après le golfe Persique, Luis continue les destinations surprenantes. Il signe en effet un contrat de manager en Israël dans le club du Betar Jérusalem. Le pays, le club, Gaidamak (le président), le choix suscitent beaucoup d'interrogations. Luis donne une tournure pour le moins étonnante à sa carrière. Voici quelques articles et dépêches parus à ce moment-là :

La rumeur est devenue officielle : Luis Fernandez a signé au Betar Jérusalem pour une saison (plus une année en option) et 600 000 par an. Un choix surprenant aussi bien sportivement qu'éthiquement. Mais l'ancien entraîneur du PSG ne veut pas entrer dans les débats. Seule l'élaboration d'un projet sportif cohérent compte à ses yeux. « Je ne viens pas en tant qu'entraîneur mais comme manager et conseiller du président. » La responsabilité technique de l'équipe restera du domaine de Guy Azuri et de Ton Kanen. Mardi, dans son émission sur RMC Info, Luis Fernandez a officialisé une rumeur de plus en plus insistante. Après le Qatar, l'ancien joueur du PSG s'envole pour Israël, au Betar Jérusalem, pour un an avec une option d'une autre année. Non seulement le Betar n'est pas le meilleur club du pays mais le championnat israélien est très loin du niveau de la Ligue 1 ou de la Liga. Alors pourquoi s'engager au Betar ? Il semble que le très influent président du club, Arkady Gaidamak, un milliardaire d'origine russe, ait su trouver les arguments nécessaires pour le convaincre. « Nous avons besoin de renforcer notre image en tant que club professionnel », a déclaré Gaidamak qui était inconnu dans le monde du sport israélien jusqu'à ce qu'il rachète le club de basket Hapoël Jérusalem en juillet dernier, puis le Betar au mois d'août. « C'est pour cette raison que nous avons besoin de conseillers de qualité et d'expérience internationale et que nous avons fait appel à Luis Fernandez pour nous aider à prendre une nouvelle direction », a-t-il ajouté.

Personnage très controversé, Arkady Gaidamak est interdit de séjour en France depuis que la justice française l'a placé sous mandat international à la suite de l'affaire Falcone et de la vente illégale d'armes en Angola. Mais Fernandez balaie ces histoires d'un revers de main. « Je ne rentrerai pas dans ces détails car ce n'est pas à moi de juger, de commenter et d'interpréter. Quand je discute avec lui, je ne parle pas de ces choses-là. » On le comprendra aisément. Tout comme il n'évoque sans doute pas avec le milliardaire le problème du racisme. Dans un pays qui compte environ 20% d'Arabes, le Betar continue en effet de ne pas vouloir faire signer un joueur de cette classe de la population dans son équipe.
Mais peu importe. Car Fernandez n'est là « que pour le sportif ». Un projet sportif auquel tenait à prendre part Fernandez mais également Daniel Bravo et Francis Llacer, deux de ses anciens joueurs qui étaient partis en Israël quelques semaines avant leur ancien entraîneur. Histoire de repérer les lieux.
Mercredi 16 novembre 2005 à 19h57

Ci-dessous le récit, parfois satirique, de la première conférence de presse de Luis Fernandez à Jérusalem.

Luis Fernandez au Bétar Jérusalem

Luis Fernandez. Il a exactement le profil Bétar ! C'est tout chaud, ça vient de se terminer !
The David Citadel à Jérusalem est un sacré hôtel, c'est sûr. Couverture médiatique des grands jours pour la conférence de presse donnée à l'occasion de l'arrivée de Luis Fernandez au poste de manager général du premier club de foot de la capitale, le Bétar. On se serait cru à la conférence de presse de l'entraîneur du Brésil pour présenter la Seleçao avant le Mondial allemand.
Là, ça nous faisait à tous un peu bizarre de nous trouver face à ce prestigieux panel. Et pas pour parler d'un championnat du monde ni même d'une finale de Coupe d'Europe, mais de la nouvelle direction du club jérusalémite. Un club fort connu… surtout dans sa ville, et dans le championnat d'Israël.
Outre Luis Fernandez, il y avait le milliardaire d'origine russe Arkady Gaidamak, le nouveau propriétaire de Bétar – t'as pas bonne mine, Kady, tu travailles trop, t'as des cernes sous les mirettes –, ainsi que les deux entraîneurs actuels, Gay (prononcer Gaille) Azouri et le Hollandais Tom Caanen.
Premier malaise : personne parmi les journalistes sportifs au pays de Sanson et d'Ariel ne pigeait pourquoi il fallait deux coaches au Bétar, en les personnes de

Caanen et d'Azouri ! Alors vous pensez, trois avec Fernandez. Nous qui voulions déjà en éliminer un !
Certes, le Batave a eu le temps, en un mois, de devenir la bête noire des joueurs. Il leur dit ce qu'ils doivent manger, à quelle heure ils doivent se mettre au lit, et qu'une salle de « muscu » est faite pour qu'ils s'en servent. Et de plus, celui que les débonnaires licenciés du Bétar appellent déjà « l'homme de Moscou », par référence à son boss, leur balance des bordées dans une langue qu'ils ignorent, pleine de *khé* et de *kha*, sitôt qu'ils ne se les remuent pas suffisamment à l'entraînement. Une vraie révolution des tulipes pour des footballeurs israéliens plus noceurs que bouffeurs de gazon.
Mais Fernandez s'est présenté comme manager général, pas comme entraîneur. Aaaah ! C'est quoi le job d'un manager général ? a osé timidement un de mes collègues en anglais, craignant d'être pris pour un plouc. « Bah, c'est un type qui observe et qui fait partager son expérience aux autres », répondit Fernandez, l'ancien entraîneur d'Al Rayyan au Qatar et, plus accessoirement, du PSG, de l'Athlétic Bilbao et d'Espanyol Barcelone. Ah ah ?
Certains d'entre nous, avec notre esprit vénal de petits chroniqueurs sportifs – c'est-à-dire secondaires par définition –, se regardèrent pour se demander si au Bétar, maintenant, on payait les gus 600 000 dollars par saison pour « observer et dispenser leur savoir-faire ». Il est loin, le Bétar d'il y a deux mois, qui parvenait à peine à payer les salaires.
Le pire, c'est qu'on n'a pas compris la réponse, alors on reposé la question. Deux fois, à l'israélienne. Et plus Fernandez – dites, vous vous rappelez son penalty de Guadalajara, qui avait qualifié les Bleus contre le Brésil en 86 ? – s'emmêlait les pinceaux en français, faisant la même réponse mais de moins en moins clairement, et plus on s'apercevait que Luis non plus ne savait pas exactement où il allait s'asseoir.
D'autant plus que Caanen se présentait, en anglais, comme le coach principal, et qu'Azouri faisait exactement de même en hébreu. Je vous dis pas le bordel…
Au reste, les cinq intervenants n'ont répondu à aucune de nos questions : « Vous comptez engager d'autres joueurs pour renforcer l'équipe ? – Faut voir, y a à « observer », on décidera après avec le président Gaidamak ! Vous avez parlé d'ambitions internationales, quand pensez-vous y donner cours ? – Y a beaucoup à « observer» et à travailler, après, on verra avec le président Gaidamak ! »
Tu me passes le sel, ce gratin aux brocolis est absolument insipide ? – Pas de précipitation, on « observera » consciencieusement au préalable, puis, en consultation étroite avec Son Altesse Goldorak, on tranchera comme il convient !

Les joueurs étaient dans la salle, ils faisaient une drôle de tête, mais que n'auraient-ils pas fait pour griller un entraînement sous la houlette du coach numéro 3 ou numéro 2, l'espèce de Batave hystérique qui les fait suer de la sorte?
Lorsque nous, les reporters sportifs, avons poussé Itzik Kornfein, le capitaine et gardien de but de Bétar, sur la scène afin qu'il nous donne son impression sur tout ce charivari, on a atteint le paroxysme du n'importe quoi. Fernandez, qui ne savait vraisemblablement pas qui était ce garçon (il avait atterri en Israël quelques heures auparavant) et qui, en deux heures, n'a pas eu le temps d'apprendre l'hébreu correctement, regardait cet intervenant avec le regard ébahi d'une débutante à qui un jeune homme boutonneux vient de demander l'autorisation de lui rouler une pelle.
On ne va pas épiloguer sur cette conférence de presse en forme de Tour de Babel. Azouri est un bon entraîneur, jeune, 43 ans, il a hérité d'une équipe de tocards dépassionnés en début de saison, dans un club à la limite du dépôt de bilan, et il en a fait une formation cohérente qui, après huit matchs, occupe le troisième rang du classement. Caanen-le-Barbare a distribué quelques coups de pied au derche mérités, qui planaient depuis un certain temps dans les vestiaires à la recherche de leurs destinataires légitimes.
Gaidamak, que *L'Équipe* qualifie, un peu légèrement, de «président sulfureux», l'associant au Bétar, au sujet duquel le quotidien sportif écrit «qu'il s'est plus souvent fait remarquer par la couleur politique de ses supporters. Sensibles aux thèses de la droite extrême israélienne, ils se signalent régulièrement des slogans anti-arabes au stade "Teddi" Malcha.»
Non, *L'Équipe*, nooon! D'abord, on écrit «ils se signalent régulièrement *par* des slogans...»; quand vous blasphémez, blasphémez au moins en français! Et puis, le stade «Teddi» Malcha n'existe que dans vos fantasmes. Vous voulez sans doute parler du stade municipal de Jérusalem, dans lequel évolue également la formation arborant le marteau et la faucille du Hapoël Yerushalaym (Jérusalem) sur leur liquette rouge sang du peuple: il s'agit du stade Teddy Kollek, du nom de l'ancien maire socialiste de la ville, et cette superbe arène ultramoderne est située dans le quartier de Malkha...
Quant à Gaidamak, un sens d'équité, même à l'état de traces résiduelles, aurait dû vous faire écrire qu'avant d'acquérir Bétar, il avait largement arrosé la section basket d'Hapoël ainsi qu'un autre club de foot du mouvement ouvrier, l'Hapoël Ikhud Bney Saknin, de la minorité arabe de surcroît, sauvant probablement ces deux sociétés sportives de la faillite.
Corrélativement aux supporters du Bétar, ils appartiennent pour la plupart au Likoud. Droite? – Oui. Extrême droite? – Non. Racistes? – Oui, comme beaucoup

de supporters de football malheureusement partout sur la planète, mais à des millions d'années lumière de l'intensité raciste des slogans et des croix celtiques qui tapissent les tribunes de certains stades en Europe. Cela dit, et pour l'information des lecteurs, le Bétar Jérusalem est la seule équipe du mouvement Bétar à fréquenter les ligues supérieures du sport israélien. L'expression raciste est pratiquement exempte des deux autres mouvements sportifs, Maccabi et Hapoël.

Faire justice au club, aussi ! Tant les directions successives que les joueurs et les entraîneurs de Bétar n'ont jamais versé dans le racisme, bien au contraire.

Revenons à Arkady Gaidamak. C'est un malin, un milliardaire self-made man s'étant mis au sport d'élite pour explorer des nouveaux terrains d'excitation. Gaidamak sait fort bien qu'avec des moyens, un bon « observateur » genre Fernandez, et en acquérant au prix qu'il faut des joueurs de talent, on accède sans autres et en quelques années à la Ligue des Champions. Surtout si l'on démarre son aventure à partir d'un club possédant déjà des talents certains ainsi qu'un public aimant son équipe au-delà de la raison, capable de remplir les 18 000 places de Teddy lors de chaque représentation.

Pour Gaidamak, Luis Fernandez est une valeur sûre dans son dessein de fonder rapidement un grand club européen. En 2003-2004, l'Hispano-Français avait sauvé, lors d'une opération commando restée dans toutes les mémoires d'hidalgos, l'Espanyol de Barcelone, que l'on disait condamné à la relégation en série B. Fernandez, qui était devenu entraîneur onze ans plus tôt sur un concours de circonstances, alors que, joueur à l'AS Cannes, il évoluait en deuxième division, les dirigeants s'adressèrent à lui pour prendre la direction de l'équipe. Le manager général de Bétar fit remonter les Azuréens la même année parmi l'élite et les mena jusqu'en Coupe d'Europe.

Pour le moment, et jusqu'à ce que la pâte prenne dans la capitale, une équipe, le Maccabi Haïfa, domine outrageusement le football israélien. Avec huit victoires en huit rencontres et déjà 8 points d'avance en championnat, les Galiléens attendent depuis trois saisons un adversaire national à leur pointure. C'est ce qui se dessine du côté de Teddy, à moins, on en parle, que Gaidamak ne décide l'été prochain d'une OPA sauvage sur les vedettes de Haïfa. Katan, Bocoli, Tal, Zandberg, le gardien Davidovitch et compagnie ne sont pas inébranlables. Et leur patron, Yakov Shakhar, importateur de voitures, est juste millionnaire, il n'a pas de quoi résister aux offres d'un tycoon du calibre du Russe.

Si au lieu de batailler dur pour dominer sportivement son adversaire, on en achète les meilleurs joueurs ? Une idée à creuser, non ?

Ilan Tsadik (mercredi 16 novembre 2005 à 17:54, © Metula News Agency)

Tu as donc été manager du Betar Jérusalem. Le club de Gaidamak. Un club et un président sulfureux...

Le début de l'histoire, c'est le coup de fil de Francis Llacer, c'est lui qui me contacte...

Francis Llacer ? C'est curieux. Qu'est-ce qu'il fait en Israël ?

Il travaille là-bas, je ne sais pas bien ce qu'il fait. Cela a un rapport avec le pétrole... mais je ne suis pas sûr. Francis, à l'époque, c'est un ami. Un type qui a toujours été réglo avec moi. Comme joueur, il faisait partie, sans que le terme soit péjoratif, de mes soldats. Je lui fais confiance. Il me dit donc qu'un type avec beaucoup de moyens financiers a investi dans ce club, qu'il veut encore le faire grandir et qu'il a besoin d'un entraîneur connu. On se voit et il me dit que Gaidamak peut racheter mon contrat, que le club du Qatar va être indemnisé, que je n'ai pas à m'inquiéter... Bon, il fallait quand même que je sorte du pays. Une chose pas évidente, puisqu'il faut savoir que quand tu arrives au Qatar pour bosser, ils te prennent ton passeport. Quand je voulais revenir en France pour n'importe quel motif, privé ou pas, il fallait toujours demander la permission. Même si c'était toujours accordé, la démarche est pénible. Tu te sens limité dans ta liberté de bouger. En novembre 2005, donc, j'ai récupéré mon passeport et je suis rentré à Paris. Gaidamak envoie un avion pour me chercher et je pars à Moscou avec Francis pour négocier le contrat. Ils sortent le grand jeu. On est reçus comme des rois. On est entourés de gardes du corps, c'est surréaliste, on aurait dit un convoi présidentiel. On dîne au restaurant et il me demande officiellement de m'occuper de l'équipe du Betar. Le contrat est bon, je décide d'y aller. On part alors pour Jérusalem. Le challenge est intéressant, les gens face à moi sont agréables. Bref, c'est tentant. Après l'ennuyeuse expérience du Qatar, là au moins, ça sent le foot ! L'unique problème, c'est d'être seul, sans ma famille. Mais je décide quand même de me lancer dans l'aventure et je pars donc découvrir un autre football. Et si au Qatar il n'y avait pas de passion, là je suis servi.

Et personne ne te parle de Gaidamak, personne ne t'alerte sur la personnalité du mec avec lequel tu vas bosser ?

Si, mais ça ne me regarde pas, ce qu'il fait ou a fait. Tant que je fais les trucs en règle, le reste ça ne m'intéresse pas. Alors j'entends des choses, évidemment. Mais il me demande de venir entraîner le Betar. Il ne me demande pas de venir faire du trafic de je ne sais quoi ! Dans ces cas-là, va demander à tous les gars qui ont bossé avec Bernard Tapie pourquoi ils y allaient. Et c'était en France, je te signale ! Et à Chelsea, est-ce qu'on se demande quelles sont exactement les affaires d'Abramovitch ? D'ailleurs Gaidamak et lui sont très potes.

Je signe donc mon contrat et prends le club en cours de saison. Le but est de finir dans les trois premiers. La mission est claire.

Et donc tu prends en main un club d'extrême droite dirigé par un trafiquant d'armes...

Tu ne vas pas recommencer, je ne sais pas tout ça, moi... Je ne cautionne pas ça en entraînant le club. Ou alors, dis-moi de quoi je suis coupable.

En une année, je donne une tournure étrange à ma carrière et je t'avoue que si c'était à refaire, je ne le ferais pas. C'est vrai ! Mais pas pour les raisons que tu évoques. Écoute, les choses ne sont pas aussi simples que tu veux bien le dire. Je vais essayer de suivre ton raisonnement et tu vas voir que la limite arrive vite. Si je te suis, je ne dois pas aller au Betar parce que le président est Gaidamak et que les supporters sont catalogués « extrême droite ». Donc, comme je te disais, tous les joueurs, entraîneurs, dirigeants qui travaillent ou ont travaillé à Chelsea ne sont pas propres. Au vu de tout ce qu'on dit sur Abramovitch et son pognon, t'es d'accord ? Moi, je ne dis rien parce que je ne sais rien sur les affaires de ce type-là !

Toutes les personnes qui sont passées à Marseille à l'époque Tapie, toutes celles passées à la Juventus au moment des différents procès, là aussi, tous coupables ? Tu imagines le nombre de joueurs importants, célèbres, qu'il faut déclarer coupables. Je crois qu'il n'y a pas besoin que je te cite de nom, tu vois de qui je veux parler... Ce qui se passe dans le dos des joueurs, des gens de terrain, on ne peut pas s'en soucier. Il y a comme une incompatibilité là-dedans. Plus globalement, je vais même te dire que le dopage, pas mal de joueurs ou de sportifs en général ne le voient pas venir. Le fameux « à l'insu de mon plein gré », j'y crois dans de nombreux cas. Des situations fort compliquées d'un point de vue psychologique sont jugées de façon hâtive par les médias. Dans de nombreux domaines, il y a une différence entre le jugement médiatique et celui rendu par les tribunaux. Et je préfère le vrai jugement !

Je poursuis donc sur Gaidamak. Tu dis, tout le monde dit : vendeur d'armes. Mais tu vas aller analyser un à un tous les actionnaires des clubs dans le monde entier pour voir si indirectement tu ne bosses pas avec des gars qui font ou fabriquent des trucs peu recommandables ? Et les supporters, si tu ne vas pas dans les clubs qui ont des extrémistes en tribune, eh bien, c'est simple, tu ne vas nulle part !

Milan c'est un club sale, parce que quand le président Berlusconi accède au pouvoir en Italie, il passe des accords avec l'extrême droite ? Kakà finance une secte, où va son argent ? Des exemples comme ça, il y a en plein. C'est même la grande majorité...

Voilà, pendant un an, j'ai été mercenaire. C'est une période au cours de laquelle j'ai senti beaucoup d'hypocrisie dans le milieu du foot. C'est aussi un moment de ma vie où pas mal de mes idéaux se sont envolés. J'étais loin de ma famille et ça ne me réussit pas. J'ai besoin d'eux près de moi pour être bien. Je le répète, ce n'est pas la période la plus glorieuse de ma vie, j'ai signé deux beaux contrats, voilà ! Mais cette période existe et je l'assume.

Au Qatar ou en Israël, j'ai essayé de faire mon métier au mieux. Je ne me souciais pas de ce qu'il y avait autour.

Très bien, alors parlons de tes quelques mois passés là-bas...

J'ai essayé de prendre des joueurs français. Jérôme Leroy est venu. Je pense d'ailleurs que c'est l'un des meilleurs joueurs qu'ait connu le championnat israélien. J'avais emmené Tiburce Darou comme préparateur physique aussi. Au Betar, on a fait venir des joueurs qui en temps normal ne seraient jamais venus, j'ai joué de mes relations. On a fait signer un Espagnol, David Aganzo, un joueur du Racing Santander. Tu sais, c'est le gars qui, à une époque, avait été à la une des pages people.

On l'a contacté, mais sa famille était réticente à l'idée de s'installer en Israël... ils sont venus, ont visité, sont restés une semaine pour voir. Ça leur a plu, et il a fini la saison avec nous. Santander nous l'a prêté.

On a failli avoir un joueur japonais aussi, le gars de l'OM, Nakata, le défenseur. Le gars qui, un jour de neige à Saint-Étienne, avait tiré à côté du ballon, tu te souviens de cette image ? Eh bien, José Anigo était venu nous voir à Jérusalem pour nous le vendre. J'avais dit à Gaidamak que c'était une bonne idée de prendre un Japonais juste avant la Coupe du monde. Car si le Japon se qualifiait, ça devenait une bonne chose pour le club. C'était un investissement. Mais les négociations reposaient sur une somme qui a gonflé dans l'avion entre Marseille et Jérusalem.

Tu prends un gars pour l'investissement qu'il représente ou pour le sportif ?

Mais pour les deux ! En plus, là, je suis manager ! Pour le Betar, il a le niveau. Peut-être pas ailleurs mais là-bas, oui. Donc c'était rentable. Ça pouvait attirer les médias japonais en Israël, c'est bien, non ?

Tu penses à ce genre de truc, toi ?

Mais où est le problème ? Sportivement je ne prenais pas un risque énorme avec lui. C'était bon sur les deux tableaux. Je savais que ce n'était pas une quiche. Mais bon, il n'est pas venu de toute façon.

Tu as oublié un Français qui est venu là-bas aussi : Fabrice Fernandès. Pas une réussite. Comment as-tu pu recruter ce type ? Il a très mauvaise réputation pourtant.

C'est compliqué. Son transfert est un peu curieux. Son agent nous l'a proposé, il est venu. Je ne le connaissais pas bien. L'agent avait refilé pas mal de joueurs au Betar. Le fils de Gaidamak, Alexandre, gère le club anglais de Portsmouth, ça fait un lien avec l'Angleterre. Fernandès jouait dans ce pays. Un jour, Katia, la fille de Gaidamak, me dit : « Ça t'intéresse, un joueur comme Fernandès ? » Boula, un gars qui traîne dans le milieu des joueurs, m'en avait parlé. On s'est retrouvés avec l'agent du joueur. On était à Paris au *Murat* pour discuter et négocier l'affaire. Il y avait l'agent, Philippe Halimi, Fabrice Fernandès, Katia Gaidamak et moi. Je ne voyais rien qui s'opposait à sa venue, ce n'est pas un mauvais joueur.

Mais pourquoi es-tu à Paris ?

Je faisais pas mal d'allers-retours, j'avais des billets mis à disposition par le club.

Bon, et Fernandès ?

Un vrai casse-couilles. J'ai découvert un type très dur à gérer et peu apprécié des autres joueurs. Un jour dans le vestiaire, j'ai bien cru que ses coéquipiers allaient l'étrangler. Il est très prétentieux. Sa carrière parle pour lui. Il a négocié avec le club, il est venu et n'a pas laissé un super souvenir au Betar, voilà !

Et sinon, ça se passe comment là-bas ? Tu restes peu de temps finalement…

À la fin de la saison, je devais signer un nouveau contrat. J'aimais bien le club, l'ambiance était chaude dans le stade. Tout ce que j'aime. On avait terminé la saison à la troisième place, qualifiés pour la Coupe UEFA, atteignant ainsi l'objectif fixé. Mais je sentais qu'on allait m'imposer trop de choses. Beaucoup de joueurs en bois. Je n'aime pas ce genre de compromissions pour construire une équipe. Et Gaidamak est loin des affaires du foot. Tous veulent en profiter. Il y a trop de vautours autour de lui. Chacun cherche à se placer, à placer ses joueurs, son coach. Dans ce club, il y a trop à manger et beaucoup veulent une part du gâteau.

Tu sais, j'ai laissé un très bon souvenir là-bas. Ce pays m'a plu, je me verrais bien sélectionneur de ce pays…

L'article ci-dessous rédigé par un blogueur supporter francophone de l'équipe nationale d'Israël montre à quel point Luis est apprécié dans ce pays.

Luis Fernandez… avant et après…

Il y a eu un avant et un après Luis Fernandez dans le football israélien. En effet, lors du passage de Luis au Betar, des joueurs ont littéralement éclaté au grand jour. Commençons tout d'abord par Amit Ben Shoushan, révélation de ce début de saison qui marque avec les A en Russie et qui rend fou la défense française avec les espoirs. Broukhyan, qui est devenu une valeur sûre depuis le passage de l'entraîneur français. Eliran Danin, arrière gauche de devoir, Barak Yitsakhi, révélation de la saison dernière, Maor Melicsohn, gaucher redoutable et qui a été enlevé cette saison par le Maccabi Haifa. Tous ces joueurs font partie de l'équipe victorieuse de la France, en espoirs. Tous ces joueurs ont gravi plusieurs échelons en six mois passés avec Luis Fernandez. Ils le disent et regrettent le départ de leur coach. Et les A ? me direz-vous. Encore plus simple, je les cite et vous comprendrez. Gal Alberman revenu l'année dernière en Israël après un passage à Tenerife. Yoav Ziv, remplaçant en début de saison dernière au Betar, il est l'arrière gauche de l'équipe nationale aujourd'hui. Je rajoute Toto Tamouz qui a rejoint les rangs du Betar cette année. Il doit sa venue dans la capitale à l'entraîneur français. Luis Fernandez a réussi à faire côtoyer à ces joueurs de l'ombre des grands noms du football comme Jérôme Leroy par exemple, ou encore David Aganzo. Le résultat ne s'est pas fait attendre. Regardons les résultats des équipes nationales et des équipes de clubs. Bravo ! Rien à dire ! Je garderai aussi de ce passage le visage des joueurs qui sont venus te dire au revoir à l'aéroport Bengourion lors de ton départ. Il y a bien un avant et un après Luis Fernandez en Israël. **Mickael Nitsakhon, vendredi 13 octobre 2006 (www.israelfootball.over-blog.com)**

Après le Qatar et Israël, Luis retourne en Espagne.

Luis Fernandez, nouveau coach du Betis

Le technicien français prendra en main le Betis Seville dès la reprise de janvier. Luis Fernandez retrouvera la Liga en début d'année 2007. Il a en effet entraîné l'Espanyol de Barcelone de 2003 à 2004, mais aussi et surtout l'Athletic Bilbao de 1996 à 2000 où il n'a laissé que de magnifiques souvenirs, devenant même vice-champion d'Espagne en 1998. **Mathieu Seto-Minguez, 22 décembre 2006, 22h53 (www.goal.com)**

Encore une courte mission. Encore un rôle de pompier. Cela se passe quand même bien dans le sens où on redresse la tête. La mission est accomplie ou presque. Je suis viré à une journée de la fin. Le groupe n'est pas évident à gérer. Beaucoup de joueurs sont difficiles et je dois m'adapter. Une fois, quarante-huit heures avant un match contre la Real Sociedad, cinq ou six joueurs vont à l'inauguration d'une boîte de nuit. C'est limite, mais pourquoi pas. Ils restent jusqu'à cinq, six heures du mat. On est quand même pas bien en championnat à ce moment-là. Résultat, on perd 1/0. Le gardien prend un but à la con de 35 mètres. L'avant-centre se présente cinq fois devant le gardien adverse sans marquer, manque de lucidité, manque de forme, tout ce que tu veux, je m'en fous ! Mais les deux faisaient partie de la bande qui avait inauguré la boîte de nuit. J'avais un deal avec l'attaquant, un Brésilien, que j'avais défendu quelques semaines plus tôt auprès de la direction.

En gros c'était: fais-moi une bonne fin de saison, (je n'avais que lui comme joueur capable de marquer), et je t'aide dans ton transfert. Il voulait aller au Mexique où on lui faisait une belle proposition. Et ce gars il me fait ça ! Le coup de la boîte et ses cagades dans un match important. Avec ces trois points, on ne serait pas en train de parler maintien ! Et ces cons, ils me chient l'affaire ! Je les ai punis, évidemment ! Ils sont revenus me voir, m'ont dit qu'ils avaient eu tort. Ils ont avoué la faute, on a parlé. Tout s'est arrangé. Mais ce match qu'on perd à cinq, six journées de la fin contre le dernier... J'étais fou ! Si tu vois le but qu'on prend, tu rigoles franchement ! Un gag !

Quelques semaines plus tard, après une lourde défaite, Luis Fernandez sera limogé du Betis Seville.

Le Betis vire Fernandez

Luis Fernandez est à nouveau un entraîneur libre. Dimanche, au lendemain d'une défaite cruelle subie à domicile par le Betis Séville face à Osasuna (0-5), l'ancien entraîneur du PSG a été démis de ses fonctions, à une journée seulement de la fin du championnat d'Espagne. Appelé fin décembre au chevet du club andalou, Luis Fernandez aura presque mené sa mission à bien, puisque le Betis pointe à la 16e place, avec un point d'avance sur le premier relégable. Manuel Ruiz de Lopera, le président du club, s'est réuni en urgence dimanche avec le conseil d'administration du club afin de prendre une décision inattendue à la veille de la dernière journée du championnat: le licenciement de Luis Fernandez, arrivé en décembre afin de remplacer Javier Irureta. Les Vert et Blanc, alors dans l'impasse, avaient fait un bon en avant, intégrant le milieu de tableau avec un soulagement évident. Ils avaient également sorti le Real Madrid en huitième de finale de la Coupe du Roi. **Michael Balcaen, 10 juin 2007, 21h58 (www.sport.fr)**

C'est la première fois que je me fais virer. Au Betis, les joueurs m'ont lâché, ça arrive ! Pour moi c'était une première, une de plus ! Il n'y a pas d'autre explication à ce qui s'est passé.

En France, les médias sont en retard, les journalistes foot ont souvent une culture sportive limitée. Peu sont vraiment calés. J'en ai pris conscience quand je suis arrivé pour la première fois en Espagne. Tu sentais, à la lecture des analyses et des commentaires, que le « background » était plus consistant chez la plupart des journalistes. Mais ce qui selon moi est le plus important à souligner, c'est la diversité des points de vue exprimés. J'ai la sensation qu'ailleurs, en Europe, il y a un vrai débat. En France, tu as une voix, celle de *L'Équipe*, et tous les autres médias s'engouffrent derrière. Nous sommes dans un pays où existe un véritable monopole de la pensée sportive. Je dis « de la pensée » parce que les médias se sont multipliés. Ce qui ne veut pas dire que les opinions émises divergent, et c'est ça le problème.

Depuis quelques années, RMC a modifié la donne. Je crois savoir d'ailleurs que *L'Équipe* ne nous apprécie guère. *L'Équipe* dit comment penser le foot, donne le ton et tout le monde reprend, c'est une sorte d'Évangile ! Mais comment être sûr des véritables connaissances footbalistiques du mec qui écrit ? Comment et par qui sera-t-il contredit ? Les notes que le journal met aux joueurs le lendemain d'un match sont la responsabilité d'un seul journaliste. Le joueur le connaît et cela n'est pas sans conséquences. Quand, au lendemain d'un match de l'équipe de France, tu vois certaines notes, tu te dis clairement qu'il y a des joueurs protégés. Des gars auxquels on ne veut pas toucher sous peine de ne pas avoir d'interview plus tard. Le rapport est faussé.

Les connivences, les collusions existent. Si ce monopole est assorti d'affinités, où est l'objectivité ? Un autre journal serait nécessaire.

Un gars comme Vincent Duluc, journaliste important dans ce journal, a un pouvoir incroyable par rapport à ce qu'il sait vraiment. Il n'a pas de contrepoids. Et pourtant Duluc est loin d'être le plus mauvais.

Si tu prends un journaliste plus jeune, il suit un club et c'est lui qui fait la pluie et le beau temps ! Mais comment est-ce possible ? Pourquoi son avis est-il aussi déterminant ? De jeunes journalistes comme Sébastien Tarrago ou Jérôme Touboul ont suivi le PSG. Ils étaient clairement contre moi. Très bien, c'est leur droit le plus strict. Je veux bien l'admettre, mais il n'y a pas de contrepoids.

En politique et dans tous les autres domaines sujets à critique, cinéma, littérature… tu as différents avis, en sport non ! Tu as éventuellement la presse régionale, mais ils ne vont pas se brouiller avec leur équipe, ce sont plutôt des partenaires…

En Espagne et en Italie, c'est totalement différent. Tu as plein d'avis divergents. En Italie, le gars qui met les notes ne vient pas aux entraînements, les joueurs ne le connaissent pas.

Les moutons suivent donc ce que dit *L'Équipe*. Quand on prépare l'émission sur RMC, je m'oppose personnellement à ce que l'on se détermine par rapport à eux. Je ne veux pas aborder l'actualité en fonction de leur prise de position. Ce que j'aime, c'est quand eux nous reprennent. Mais ils sont d'une telle mauvaise foi qu'ils font exprès, parfois, de ne pas nous citer. Et ce, même quand, dans l'émission, on a eu une grosse info ou un témoignage important.

L'illustration parfaite de ce que je viens de dire, c'est « l'affaire Jacquet » lors de la Coupe du monde 98. Le journal le critique, prend parti. Pas de problème, pourquoi pas ? Ils font et voient le truc comme ils veulent. Au-delà, bien sûr, des attaques personnelles qui étaient assez nauséabondes. Mais peu importe, ne parlons pas de ça. Dans cette affaire, face à eux, personne ne pouvait donner un avis contraire. On me dit, *Le Parisien* parle aussi de sport. Peut-être, mais ils sont présents surtout sur le PSG… Et puis, les deux quotidiens appartiennent au même groupe, Amaury.

Je reviens à Jacquet. Finalement, le journal se couche devant les résultats des Bleus et, derrière, on a la jurisprudence Jacquet qui fait que personne n'ose plus critiquer un sélectionneur. Aujourd'hui, Domenech bénéficie de ça. Tant mieux pour lui. Après Jacquet, plus personne n'a osé toucher au sélectionneur. Quand tu vois ce qui se passe à l'étranger ...

Tu as souffert de ce monopole au moment de ton deuxième passage à Paris (de 2000 à 2003)...

C'est pire que ce que tu crois. Aujourd'hui, si je n'entraîne pas, si certains dans le milieu doutent de mes capacités, c'est parce qu'à l'époque le journal m'a fait passer pour un incapable.

Dans l'affaire qui m'a opposé à Ronaldinho, *L'Équipe* avait tranché en faveur du joueur. Et la seule et unique vision des choses, c'est eux qui la donnaient. Concernant Ronnie, pour les médias, j'étais le coach qui ne le faisait pas jouer. Mais merde ! j'ai quand même de belles histoires avec des joueurs. On a aussi dit que je n'arrivais pas à gérer les stars. Et Weah, Raï, Bravo, Heinze... ce sont des bidons, alors ? Et puis, Ronnie et Ginola ont quand même eu pas mal de soucis après moi, non ? C'est peut-être lié à des difficultés inhérentes à leur personnalités !

Reste que le débat n'a pas existé. Et un homme, un journaliste de *L'Équipe* qui suivait le PSG a donné le ton général. Je veux bien respecter son avis, son choix, mais tu reconnaîtras que le manque de contradiction est un vrai problème.

Mais on parle de foot partout, il n'y a pas que *L'Équipe*?

Oui mais tous ces médias que j'appelle « volants», sites internet et autres, agissent ou réagissent en fonction de *L'Équipe*. L'info vient de là. Et puis beaucoup de jeunes y travaillent. Des journalistes qui ont une culture foot extrêmement limitée. Les médias dont tu parles sont récents. Même à *L'Équipe*, il y a pas mal de gens qui savent écrire mais qu'en est-il de leur culture profonde, de leur passion pour le jeu ? Et l'opinion dominante est orchestrée par ces gens-là !

En France, le foot existe depuis quoi... les années 80 et encore. Ailleurs, tu baignes dans cette culture foot depuis des décennies. C'est dur à expliquer, mais la culture foot, c'est une odeur, quelque chose que tu sens, que tu respires. Cette odeur, tu la sens difficilement en France. J'aimerais savoir si tout les journalistes qui travaillent dans ce quotidien sont de vrais passionnés, s'ils s'intéressent au foot depuis toujours, s'ils ont de vrais éléments de comparaison, s'ils ont de quoi relativiser les choses. Je ne doute pas de leur formation. Ils ont certainement obtenu leur diplôme. Ce sont peut-être même tous d'excellents étudiants, ils ont dû prendre les meilleurs, mais est-ce que ça suffit, franchement ?

Le manque de culture foot, c'est un problème profond dans notre pays. Prends par exemple des personnages importants du football français. Un président comme Jean-Michel Aulas. Il s'intéresse au foot depuis quand ? Quinze, vingt ans !

Frédéric Thiriez, président de la LFP, tu crois qu'il connaît bien le foot ? Qu'il a grandi, baigné dans ce milieu ? Il allait au stade, il supportait une équipe ? Je ne crois pas. Ce n'est pas comme ça dans les vrais pays de foot, en Espagne, en Angleterre, en Italie... Et ces carences, ça explique aussi les résultats de nos clubs.

Je pense que la culture rugby est, au contraire, bien plus présente. Les journalistes, les gars qui dirigent sont bien plus imprégnés. C'est différent, complètement différent. Un Albert Ferasse, un Bernard Lapasset, les Blanco, Laporte, Villepreux, Berbizier, ils « sentent » le rugby. Ils ont une vision du jeu, de leur sport. S'ils ne sont pas d'accord entre eux, peu importe, il y a des échanges, des débats. Et les journalistes qui traitent de ce sport m'ont l'air bien supérieurs à ceux du foot. Quand tu les lis, tu sens qu'ils ont bouffé du terrain, que mômes ils « allaient au rugby ».

J'ai quand même l'impression que notre environnement médiatique évolue dans le bon sens, non ? Les consultants sont de plus en plus nombreux pour, éventuellement, compléter ou corriger les journalistes...

Il faut quand même que les consultants soient bons ! En Espagne, en Italie, en Angleterre, en Allemagne, les anciens peuvent s'exprimer sans que cela provoque les remous entendus ici ou là chez nous. On n'aime pas la critique. Chez nous, c'est plus rare et surtout mal vu. Quand tu entends les consultants, c'est souvent le robinet d'eau tiède. Regarde quand Deschamps parle de Thuram sur RMC.

Dans son émission, Luis accueille deux fois par semaine Didier Deschamps. Début 2008, Deschamps parle de Lilian Thuram et exprime des réserves quant à sa forme physique. En substance, il déclare que logiquement plus le temps passe, moins Thuram ira vite sur un terrain…

C'est nouveau, énorme même. *L'Équipe* reprend et ne fait qu'un entrefilet ridicule. Et ça ne plaît pas. Avec RMC, on a un nouvel espace. Le seul média qui ne se mette pas dans les pas de *L'Équipe*. Mais *L'Équipe* a encore un rayonnement beaucoup trop important, en tout cas trop monopolistique.

Quels rapports entretenais-tu avec les médias quand tu jouais ?

Un mauvais article pouvait m'atteindre. Je me souviens d'un lendemain de match, c'était un PSG/Toulouse en 1985, une demi-finale de Coupe de France. Après le match retour qui avait été dur, il y avait eu un édito dans *L'Équipe Mag*. Le papier me flinguait, me faisait presque passer pour un sauvage, une petite frappe. Je l'avais mal vécu au point de vouloir rencontrer l'auteur du papier. Il m'avait expliqué qu'en tant que joueur important, capitaine de mon club, titulaire en équipe de France, je me devais d'être un exemple. Peu importe que nous ayons gagné ce soir-là, lui avait retenu mon attitude agressive, peu sportive. En fait, si j'avais été autant touché, c'est que je savais qu'il avait raison. Notre explication fut intéressante, en tout cas pour moi. Je crois même que ce papier m'a aidé. D'une façon générale, je pense que plutôt que de s'énerver à la lecture d'un papier, d'une chronique, il vaut mieux d'abord chercher à comprendre pourquoi on l'a suscité. Après ça, je me souviens m'être dit : « Il faut que tu montres autre chose de toi, cette image, c'est pas toi ! » J'ai alors rencontré un journaliste de *France Football*, Rémi Lacombe, qui m'a fait comprendre certaines choses. Il a su bien me cerner. Je l'ai connu très tôt dans ma carrière. En le lisant, je me disais toujours qu'on était sur la même longueur d'onde. C'est lui qui a le mieux compris mon personnage.

Mais, globalement, les médias ne m'ont jamais dérangé. C'est à travers eux finalement que les gens te connaissent. À toi donc d'y apparaître sous ton meilleur jour.

J'ai longtemps voulu changer d'image. En fait, il ne faut pas, on doit aller au-delà de ça. Il faut accepter, et voilà. Ça paraît simple, voire bête de dire ça ! Mais il n'y a pas d'autre solution. Je n'ai jamais pris de conseils en communication pour améliorer le rendu média. Alors je vis avec, sans m'en soucier.

J'ai néanmoins toujours voulu être compris, comme tout le monde je pense. Je ne vais pas faire l'hypocrite. Ça m'agace de donner une image de moi qui ne correspond pas à la réalité ou, en tout cas, pas à la mienne.

Encore aujourd'hui, il peut m'arriver d'appeler un journaliste pour savoir pourquoi il a écrit telle ou telle chose. On discute, je peux même m'emporter, mais ça ne va pas au-delà. C'est quand même mieux que ces types qui appellent le patron du média pour se plaindre ou, pire, faire virer le journaliste. Dans le foot, beaucoup d'acteurs du milieu se fâchent avec les médias après une critique trop appuyée, un avis trop tranché. Souvent, en représailles, ils font le coup de la grève : « Non, vous, on ne vous parle plus, vous avez dit du mal de nous... » C'est quelque chose que j'ai découvert en étant passé de l'autre côté du micro, je trouve que c'est une attitude déplorable. En revanche, il peut y avoir une vraie injustice. Un gars qui règle ses comptes et qui se sert de son média pour cela, c'est tout aussi déplorable.

Tu disais ne pas toujours te soucier de ce qui est dit ou écrit sur toi, mais c'est faux. Au moment de l'affaire Ronaldinho au PSG, je me souviens que tu étais presque accro à tout ce qui pouvait s'écrire...

Mais c'est totalement différent. À ce moment-là, on était en pleine déstabilisation. À travers les médias, on voulait m'abattre. Dans l'affaire Ronaldinho, *L'Équipe* avait pris fait et cause pour le joueur. Les dirigeants, Laurent Perpère, la communication du club filaient des infos au journaliste chargé de suivre le PSG. En échange d'articles complaisants à son égard et cassants vis-à-vis de moi.

Reste qu'aujourd'hui pour Ronnie, trois ans après – et Dieu sait qu'on en a écrit, des choses fausses –, eh bien on s'aperçoit que je n'avais pas tout les torts, loin de là même, non ? Et sans parler de qui avait tort ou raison, on voit mieux ce qui se passait vraiment. Ça, c'est important à mes yeux. La presse a quand même été très différente à mon égard. Je suis passé des éloges au caniveau. J'ai toujours provoqué des réactions extrêmes.

Depuis cinq ans, Luis est donc devenu un homme de médias. Aux côtés de différents journalistes, Gilbert Brisbois, Christophe Couvrat, Florian Genton, Jean Resseguié entre autres, il co-présente l'émission « Luis Attaque ». Une réussite que l'on doit principalement à François Pesenti, directeur de l'information de RMC.

Luis Fernandez est la première star que l'on a fait venir à l'antenne. En 2001, alors qu'il entraîne le PSG, je lui propose de venir répondre pendant une heure à des auditeurs. À l'époque, RMC démarre à peine. On n'est rien ou pas grand-chose. Il accepte et je me souviens d'avoir trouvé son geste très sympa. À dire vrai, j'ai même été touché.
Lors de sa dernière année au PSG, en 2002/03, ça se passe souvent mal pour lui. La critique est dure. Il y a des moments où j'ai l'impression de revivre Jacquet 98. Le journal *L'Équipe* prend clairement position contre lui. Je veux comprendre et je l'invite à venir s'exprimer, à échanger, à s'expliquer face aux gens. On était un peu « contre » les autres médias. Encore une fois, ça se passe bien et une relation de confiance s'instaure entre nous.
Cette année-là, il y a un autre épisode important. C'est après le match PSG/OM au Parc des Princes. Paris gagne, et il y a une polémique entre Luis et le joueur de Marseille Brahim Hemdani. Celui-ci dit que Luis l'a insulté. Il va même très loin puisqu'il dit que Luis l'a traité de « sale arabe ». En revoyant les images, je m'aperçois que lors de l'altercation entre les deux hommes, il y a le 4e arbitre, Bruno Ruffray, qui est là, collé à eux.
Je l'invite et lui demande de témoigner. S'il a été provocateur, Luis n'a en aucun cas insulté Hemdani. Nous, on a fait notre boulot et Luis nous cite dans une conférence de presse peu après. La relation devient alors plus forte entre nous.
L'été suivant, Luis a quitté le PSG. Alain Weil – mon patron – cherche une idée. Il faut créer un événement sport à 18h, un horaire important dans ce média.
L'idée me vient naturellement : faire un show autour de Luis. On est allés très vite. Le lendemain, Luis nous donne rendez-vous à 9h pour un café. On était au Fouquet's. En 10 minutes, on s'est mis d'accord. Luis agit parfois de façon qui peut sembler curieuse. Il a dit oui comme ça, sans demander de temps de réflexion. C'est un instinctif et ce qui me surprend encore aujourd'hui, c'est qu'il ne se trompe que rarement. Il sent les choses, les gens. Au fond, le personnage est facile à cerner. Ce qui prime chez lui, c'est le rapport personnel. Il place ses relations dans le cadre de la « relation de confiance ».
C'est un affectif et quand on est dans ce cadre, il donne tout. Il écoute, il échange. On peut penser que, professionnellement, c'est un type dur à gérer, mais je t'assure que ce n'est pas le cas.

Comment être clair ? Il a de vraies valeurs, voilà, je dirais que c'est un homme de valeurs. Des choses simples et fortes sur lesquelles il a construit sa vie et ses relations.
L'Euro 2004 fut, à ce titre, une belle expérience. En un mois ensemble, on s'est vraiment rapprochés. Il était dans l'équipe avec nous. Et tous ont découvert un mec vraiment bien au quotidien.
Je me suis alors souvent dit que, comme joueur, cela devait être un super co-équipier et, comme entraîneur, un très bon leader. Il fait partie de ces hommes qui rassemblent les gens.

François Pesenti

Tu es aujourd'hui un véritable homme de médias. RMC, TF1, tu travailles pour deux médias importants.

Et j'évolue dans un cadre parfait. Je ne remercierai jamais assez RMC de m'avoir offert cette possibilité. On m'a donné des responsabilités et ça marche. C'est un peu comme un club de foot. Alain Weil est le président, Franck Lanoux est directeur sportif, manager et François Pesenti l'entraîneur. Je suis ravi de bosser avec eux. Et moi qui aime « l'affect », je peux dire que je me sens bien avec toute l'équipe, toute la rédaction. Je garde un bon souvenir de toutes les personnes qui ont travaillé à mes côtés dans « Luis Attaque ».

On a développé une émission dans le style de ce qui peut se faire en Espagne. On provoque le dialogue, le débat. Et le mieux, c'est quand les gens peuvent répondre. C'est pour moi un vrai plaisir.

Le contact avec les gens est très important à mes yeux. J'aime me sentir proche d'eux.

Tu fais attention aux audiences ?

Oui je regarde les audiences, c'est vrai. Je trouve ça normal. Je m'implique beaucoup. Les audiences, je prends ça comme une compétition. Il faut se remettre en cause, être toujours meilleur.

Tu n'as pas peur que la radio, le plaisir que tu as à faire l'émission, la réussite que tu rencontres ne t'éloignent définitivement du terrain. Tu ne crois pas t'en être déjà éloigné sans l'avoir complètement admis ?

(Luis, qui répond généralement très vite, semble touché par la question. Sa réflexion est longue…)

Je ne sais pas, je ne crois pas. On va fêter sous peu la millième de l'émission. C'est bien par rapport à ce que certains prédisaient. C'est un défi que j'ai relevé. Est-ce qu'il ne faut pas que je m'en trouve un nouveau ?

Mais quand tu dis que certains prédisaient que tu allais te planter, tu fais allusion à quoi précisément ?

Après le PSG, on m'a fait beaucoup de mal. Canal +, pendant que j'étais au club, et le journal *L'Équipe*, avant et après. Ce journal m'a manqué de respect. Ils ont donné une mauvaise image de moi. Leur façon de rendre compte de ce que je faisais au PSG n'a pas été honnête. Mais le temps a fait son œuvre. Depuis, et ils en ont encensé des gens, personne n'a trouvé la solution pour installer ce club en haut.

Ces médias m'ont fait passer pour un moins que rien. Et cela m'a fait du tort. Mon image a été flinguée. C'est quand même l'une des raisons qui fait qu'aujourd'hui je n'entraîne plus en France. Là-dessus est arrivé ce nouveau défi : la radio. Et ça s'est bien passé. J'ai trouvé à RMC une nouvelle famille. J'ai retrouvé là ce que j'avais perdu dans le foot, le phénomène de bande. On bosse et notre mission, c'est de faire en sorte que les gens nous écoutent.

J'insiste : tu te vois n'être plus qu'un homme de médias, tourner le dos définitivement au terrain ?

Je pense que ma décision à ce sujet est imminente. Bientôt, je saurai. Revenir au terrain pour faire le pompier, non ! Il me faudrait un beau projet pour repartir. J'ai envie de bosser dans de bonnes conditions.

Tu n'as pas peur d'être un peu trop décalé aujourd'hui ?

Mais qu'est-ce que tu racontes ? J'étais encore sur le terrain il y a peu de temps. Juin 2007, c'est récent quand même ! La tactique, le jeu n'ont pas subi de révolution depuis, rassure-moi ? Avec toi, j'ai l'impression d'avoir entraîné pour la dernière fois il y a dix ans !

Et au Betis, mes statistiques ne sont pas si mauvaises. Regarde bien, tu verras ! Là encore, après moi il n'y a pas eu d'amélioration. Même un gars comme Hector Cuper s'est fait virer.

Bon, et dans quels clubs tu te verrais évoluer, à part Paris ? Saint-Étienne ?

Le PSG évidemment, toujours ! Mais Saint-Étienne, c'est bien. Un club populaire, un super public, une histoire, une culture. C'est un beau défi. Même si Roland Romeyer estime que je suis trop guindé pour la région, je m'y vois bien. Je mangerai moins de caviar que d'habitude, c'est pas bien grave… *(Luis se marre.)*

Au début de l'année 2008, le nom de Luis est souvent évoqué pour prendre en main le club stéphanois. Mais la lutte d'influence entre les deux présidents Bernard Caïzzo et Roland Romeyer bloque la prise d'initiative. Reste toutefois la prise de position ferme de Romeyer qui s'oppose à la venue de Luis dans le Forez. Le co-président des Verts a même déclaré que Luis était trop citadin, trop guindé pour Saint-Étienne, ajoutant que, lui présent, jamais Luis ne viendrait au club.

Si je devais revenir sur le terrain, après cette fameuse millième, ce serait le bon moment. J'aurai eu l'impression de boucler un cycle. Et si, en revanche, on ne me propose rien de bien, alors je me lancerai encore plus à fond dans les médias. J'essaierai d'aller encore plus loin. J'ai des idées, en radio, mais pas seulement.

Des contacts pour entraîner à nouveau, Luis Fernandez n'en manque pas. Mais il semble aujourd'hui plus exigeant. Trabzonspor en Turquie, non merci. Benfica au Portugal : « C'est bien ! Le Portugal, voilà un vrai pays de football... » Mais finalement, non? Bolton ? « Aller jouer le maintien en Angleterre ? C'est bien l'Angleterre, j'aimerais bien tenter cette aventure, mais bon, Bolton ! Jouer les pompiers de service, ça me fatigue... Regarde, j'ai eu un texto ce matin, on me demande mon CV. Ce serait drôle de retrouver Anelka là-bas, non ? » C'est finalement la seule chose qui semble le faire entamer un début de réflexion. Même si tout le monde sait qu'Anelka ne va pas rester longtemps à Bolton. D'ailleurs, à l'hiver 2007, il rejoindra Chelsea.

Beaucoup plus originale est cette proposition venant d'Égypte. Directeur technique national, sélectionneur... On ne comprend pas bien. L'interlocuteur est-il crédible ? Au fond, Luis semble ne plus avoir envie de s'éloigner. Sa famille le retient, il a envie d'être près d'elle. Même s'il l'a déjà fait, au Qatar et en Israël, partir seul ne l'enthousiasme guère.

Mais parce qu'il n'est pas à une contradiction près, c'est pourtant très loin qu'en novembre Luis aurait bien aimé partir.

Au bar *Le Central*, comme d'habitude, nos entretiens sont interrompus par la sonnerie de son téléphone ou par l'indicateur de SMS. C'est en espagnol que la conversation débute.

« *America, si conozco, la mayor liga*... merde ça a coupé !

– C'est qui ?

– Un agent israélien avec qui je suis resté en contact depuis Jérusalem, il me parlait d'un poste en Amérique...

– En Amérique ? Aux États-Unis ? Mais où ça, pour faire quoi ?

– Bah je ne sais pas, t'as bien vu que ça a coupé ! »

Le téléphone sonne à nouveau.

« *Si, soy Luis Fernandez…* »

À partir de cet instant, Luis partage la conversation entre l'agent israélien qui parle espagnol et moi…

« Oh, il me parle des L.A. Galaxy, c'est le club de Los Angeles avec Beckham ça, non ? Et l'autre avec sa guitare, Lalas ? C'est génial comme proposition… *Si, entiendo, digame, Beckham esta siempre jugador de los Galaxy, no*?

– Luis, pose pas des questions idiotes, comme si tu le savais pas…

– Chut, laisse faire… *Y quando empieza la temporada… Si, si, es muy interessante… Y cuanto estangeros pueden jugar en la liga…* »

Cette discussion met Luis Fernandez en joie.

« Oh petit, il me propose d'aller entraîner les Galaxy avec Beckham, c'est pas génial ça ? Vivre à Hollywood, ce serait dingue, non ? Bon, niveau football, ça doit être nul. Mais il y a du monde au stade, plein de Latinos en plus, des gens qui parlent espagnol, c'est bien pour moi ça ! »

Le coup de fil a complètement transformé Luis ce matin-là. Cette idée d'aller aux États-Unis le fait beaucoup rire.

« Et puis, il y a Beckham : la star ! Et lui, je serais obligé de le faire jouer… Luis termine sa phrase dans un grand éclat de rire.

– Ouais, c'est surprenant comme proposition. Mais tu t'y vois ?

– Si je m'y vois ? Tu rigoles ou quoi ? Moi à Los Angeles en costard, avec mon cigare (Il relève son col…), ce serait une super expérience…

– Et donc, tu vas faire quoi ?

– Rien, on va finir de s'entretenir par mail. Il me tient au courant. Les patrons du club seront bientôt à Washington. Il voit pour m'organiser un rendez-vous.

– Mais tu le connais bien, le gars qui t'a appelé ?

– Non, enfin à peine. C'est un type, il s'appelle Dan Barnett, un Israélien. Il essaie de placer des joueurs, des entraîneurs… »

Le contact tournera court. Finalement, les Galaxy embaucheront le Néerlandais Ruud Gullit.

Luis aura un autre contact avec les Reds Bulls de Chicago mais il n'ira pas, pas tout de suite en tout cas, aux États-Unis.

Impression réalisée sur CAMERON par

CPI
Brodard & Taupin

La Flèche
en avril 2008

Dépôt légal : avril 2008
N° d'impression : 46943

VERGIL

WERKE IN EINEM BAND

HERAUSGEGEBEN VON DIETRICH EBENER

BIBLIOTHEK DER ANTIKE
RÖMISCHE REIHE